L'ABBÉ GARNIER

CURÉ DE NUITS

AVIS

La vie de M. l'abbé Garnier, curé de Nuits, a été écrite à la demande de ses bien aimés paroissiens, pour perpétuer dans leurs âmes le souvenir des vertus et du dévouement de ce prêtre éminent.

Ce souvenir sera cher aussi :

A ses nombreux et dévoués collaborateurs dans le saint ministère ;

Aux enfants de Nuits transplantés loin de leur lieu natal ;

A toutes les âmes qui ont touché à son âme sacerdotale ;

A ses amis qui l'ont si bien apprécié.

On a pensé aussi que ce récit serait agréable à ces généreux bienfaiteurs qui, de tous les points du monde, ont voulu s'associer à lui pour construire l'église Notre-Dame.

Le produit de cet ouvrage est destiné à l'achèvement de la chapelle Saint-Joseph, érigée en cette église, et dans laquelle une lampe brûle nuit et jour devant la statue du Saint patriarche, en reconnaissance, pour tous ceux qui lui ont prêté leur appui.

Le prix est de 3 francs, plus 45 centimes pour le port.

On recevrait avec reconnaissance la petite offrande qu'on voudrait y ajouter.

On est prié d'en adresser le montant :

Soit à M. l'abbé Batault, rue des Novices, 7, à Dijon ;

Soit à M. l'abbé Sylvestre, secrétaire général de l'Evêché.

Peu de semaines avant sa mort, M. l'abbé Garnier parlant du touchant concours qu'il avait rencontré de tout côté, son cœur reconnaissant s'émut et les larmes couvrirent son visage. Du haut du ciel, où tout est perfectionné, comment oublierait-il ceux qui entendront ce dernier appel, fait en son nom, pour compléter son œuvre ?

LITH TRIVIER A NUITS

M. L'ABBÉ LOUIS-SIMON GARNIER

CURÉ DE NUITS

NOTICE BIOGRAPHIQUE

PAR

L'ABBÉ BATAULT

Zelus domûs tuæ comedit me.

(Ps. LXVIII.)

DIJON

J. MARCHAND, IMPRIMEUR, RUE BASSANO, 12

25 mars 1878.

AUX BIEN-AIMÉS PAROISSIENS

DE

M. L'ABBÉ L.-S. GARNIER

Un homme d'entre les plus illustres de notre siècle, a écrit ces lignes mélancoliques qui s'imposent à ma pensée au moment d'esquisser la vie de l'ami que la mort vient de nous ravir.

« Parmi toutes les expériences que j'ai
« faites de la légèreté humaine, dit M. Gui-
« zot, une des plus pénibles, a été de voir
« avec quelle rapidité les souvenirs s'effa-
« cent, et le peu de traces qui restent, au
« bout de peu de jours, des meilleures vies
« et des plus honorées. »

Ces paroles sont encore plus vraies aujour-
d'hui qu'à l'époque pourtant peu éloignée
où elles ont été écrites.

Les tumultueuses agitations de l'heure présente, la succession précipitée des événements, les inquiètes préoccupations du lendemain, et ce froid égoïsme qui a tout envahi
pour tout gâter dans nos sociétés troublées,
laissent peu de place aux hommes et aux
choses d'hier.

Pourtant à l'honneur de l'humanité, il est
des cœurs qui savent rester fidèles au souvenir de qui leur fut secourable, et les entoura
d'affection et de dévouement.

La vie de M. l'abbé Garnier vous a été
consacrée, prodiguant pour vous les riches
trésors de sa puissante nature.

Par un juste retour, vous demandez au
plus intime confident de ses pensées de vous
recueillir quelques traits de sa belle vie pour
en prolonger l'écho au sein de sa famille paroissiale et aux foyers où il a conquis un attachement et une reconnaissance que la mort
ne doit pas détruire.

Il importe de fixer les chers souvenirs que les bruits du dehors finiraient par couvrir entièrement.

Si peu voilée qu'ait été la vie de M. l'abbé Garnier, elle n'est encore qu'imparfaitement connue, de ceux mêmes au milieu desquels il a vécu.

Ce récit n'est du reste qu'un simple mot de consolation que je m'accorde à moi-même et que j'offre à ceux qui ont aimé celui qui en est l'objet.

Ce m'est un soulagement de raviver en moi, le souvenir de ces douces et longues causeries qui avaient tant de charmes et d'entrain.

J'aurais souhaité que sa mémoire reçut un hommage plus digne de lui. Elle ne saurait en recevoir un plus fidèlement affectueux.

Multis ille bonis flebilis occidit,
Nulli flebilior quam mihi.

L'abbé **BATAULT**

CHAPITRE PREMIER

I

Louis-Simon Garnier naquit à Château-neuf, gracieux village assis sur le sommet des montagnes de la Bourgogne, au canton de Pouilly-en-Auxois.

C'était le 22 septembre 1812, à l'heure même où Napoléon entrait vainqueur à Moscou.

Cinq jours après, il fut baptisé par M. Boquin, curé de la paroisse.

Son père, M. Jean Garnier, ancien maître en chirurgie, dans les armées françaises, exerçait alors la médecine, en ce lieu, berceau de sa famille. Sa mère Louise-Marie-Vincent Libry, femme remarquable à plus d'un titre, était née à Paris, de parents justement honorés.

M. Jean Garnier avait plus d'honneur que de fortune. Nature ardente, cœur chaud et dévoué, il soignait paternellement ses malades, fournissait les remèdes, ouvrait sans compter sa bourse aux indigents, et ne recevait que les honoraires qu'on venait spontanément lui offrir.

II

Louis-Simon était le plus jeune de quatre frères. Sa complexion était délicate, sa nature vive et impressionnable, son intelligence précoce (1); de bonne heure, un instinctif sentiment de patriotisme se manifesta en lui.

L'empire venait de sombrer sous les ef-

(1 Au plus lointain de mes souvenirs, disait-il un jour dans nos intimes causeries, je retrouve qu'à l'âge d'un an je commençai à avoir conscience de mon existence. J'entendis peu après, mes parents se dire avec un accent de tristesse, en me regardant : il est trop délicat, il ne pourra vivre. Je compris, mais ne fus point ému. — J'avais deux ans, quand je tombai dans une chaudière à lessive : on me retira au moment où la vie allait m'échapper. Si j'étais mort alors, dans cette pleine innocence, que de dangers et de peines de moins ! quelle assurance du ciel ! Et se reprenant aussitôt : Non, non, cette parole n'est pas bonne ! Je n'aurais point payé ma dette à l'Eglise. Un soldat ne doit point regretter le champ de bataille.

forts de l'Europe coalisée et sous le despotisme qu'il avait fait peser sur la France.
L'ennemi victorieux avait franchi nos frontières, la Bourgogne était envahie. « La
« maison de mon père, raconte-t-il lui-même,
« était remplie d'officiers ; un vieux cosaque
« me plaçait sur ses genoux, me mettait sa
« longue pipe à la bouche, et m'offrait de
« m'emmener en sa famille. Il me semble
« que déjà je sentais en lui un ennemi, je
« repoussais ses caresses, et je m'arrachais
« de ses mains. »

Bien que ce premier séjour à Châteauneuf
ait été court, il conserva jusqu'à la fin, un
souvenir plein de fraîcheur des premiers
ébats de son enfance. Dans les agitations de
la vie, il aimait à parler de son lieu natal, de
la beauté des champs, du silence de la campagne, de la vue des bois, de ses courses
sur les montagnes, de la simplicité des
mœurs bourgeoises de cette époque.

Elève au grand séminaire, il écrivait :

« Mes souvenirs d'alors abondent, mais
« ils sont jetés pêle-mêle dans mon cœur. A

« vingt ans de distance, je vois encore la
« maison paternelle, la montée d'escaliers
« avec la petite terrasse, le placard où mon
« père cachait le portrait de l'*autre* (1).

« Ma mère fit un voyage à Paris. Cette
« première séparation me fit une déchirure
« au cœur. Je m'enfermai seul dans ma
« chambre et pleurai longtemps. Chaque
« nuit, quand je m'éveillais, je pensais à ma
« mère absente et les larmes coulaient de
« mes yeux.

« Pendant les belles soirées de l'été, nous
« nous asseyons, mes frères et moi, sur un
« banc devant la maison paternelle : deux
« beaux abricotiers étendaient au-dessus de
« nos têtes leurs branches chargées de feuilles
« et de fruits; mes deux aînés se prenaient
« à chanter des airs cadencés qui se sont
« gravés dans mes souvenirs. Ces chants se
« mêlaient au bruit que faisaient entendre
« des chiens aboyant dans le lointain. Quoi-
« que bien jeune, ces chants, ces bruits, ces

(1) C'est ainsi qu'au commencement de la Restauration on désignait l'empereur déchu.

« échos, à pareille heure, sous un ciel paisi-
« ble, me faisaient rêver agréablement. Plus
« tard, en lisant le *Génie du christianisme*,
« j'ai vu non sans satisfaction, que l'aboie-
« ment des chiens, dans le calme des nuits
« avait aussi fortement impressionné Cha-
« teaubriand. Douces soirées de ma candide
« enfance, où sans préoccupation, je goûtais
« ces plaisirs innocents, où êtes-vous? Les
« beaux jours fuient les premiers, mais ils
« laissent dans l'âme comme un doux par-
« fum des innocentes jouissances des jeunes
« années. »

Son père alla fixer sa résidence à Saint-
Seine l'Abbaye, afin d'y exercer la médecine,
dans un milieu qui lui offrait plus de ressources pour élever sa nombreuse famille.

III

C'était l'heure pour Louis-Simon de commencer ses études. Il fut confié à M. Lacroix,
ancien vicaire de Nuits, fort homme d'esprit,
alors curé de Francheville, dans le voisinage
de Saint-Seine.

Le jeune élève était doué des plus heureuses dispositions : il avait une intelligence facile, une mémoire ferme, une imagination vive et un grand désir de savoir. Il eut vite appris les éléments des langues grecque et latine.

Il entra bientôt au petit séminaire de Plombières, où il parvint de prime-saut au premier rang de sa classe. Il se fit remarquer par son entrain dans les jeux, par ses conversations spirituelles et enjouées, surtout par son amour de l'étude, et bientôt par un goût littéraire très-délicat. Déjà il aimait à s'entretenir de sujets sérieux.

IV

Nous sommes en 1829. Une entière transformation va s'opérer au petit séminaire.

Le plus illustre ministre de la Restauration, M. de Villèle venait d'être renversé par la coalition d'hommes très-divers d'idées et d'intentions. L'effet des élections de 1827 fut immense : il dépassa et les craintes du cabinet et les espérances de l'opposition.

L'installation du ministère libéral de M. de Martignac amena au pouvoir des hommes longtemps tenus à l'écart et des influences nouvelles.

Le diocèse de Dijon venait de perdre son vénérable évêque Mgr Jean-François-Martin de Boisville. M. Portalis redevenu puissant, fit accepter pour ce siége, son ancien précepteur, Mgr Raillon, nommé évêque d'Orléans par le gouvernement de l'empire, mais laissé à la vie privée sous la restauration.

Mgr Raillon, esprit souple, habile, d'une remarquable intelligence, réorganisa l'administration diocésaine avec des hommes nouveaux.

Un prêtre jeune encore, M. l'abbé Morlot, le futur cardinal archevêque de Paris, alors simple vicaire à la cathédrale, mais jouissant déjà d'une haute considération dans la société dijonnaise, fut appelé au grand vicariat.

M. l'abbé Poinsel, aujourd'hui doyen du chapitre de la cathédrale, fut tout d'abord maintenu à la tête du grand séminaire, dont il électrisait les élèves par sa belle intelligence et ses magnifiques conférences, dont le souvenir n'est point éteint.

M. l'abbé Foisset fut nommé supérieur du petit séminaire diocésain, à la place du vénérable M. Fèvre, prêtre pieux, mais âgé et point littéraire.

M. l'abbé Sylvestre Foisset fut puissamment aidé dans son œuvre de régénération par son frère aîné, M. Théophile Foisset, que la mort a trop tôt enlevé à l'Eglise dont il a été un vaillant champion, à la Cour d'appel de Dijon, dont il était une des plus pures gloires, et aux lettres où il a brillé parmi les premiers, pendant une grande partie de ce siècle (1).

M. l'abbé Foisset s'entoura de professeurs émérites. Une grande impulsion fut donnée à l'enseignement du petit séminaire. Cette maison d'éducation est la première qui établit en France une chaire spéciale pour l'enseignement de l'histoire; l'étude de la langue grecque, longtemps négligée partout, devint

(1) M. Théophile Foisset est mort à Dijon le 28 février 1873. Il était né à Bligny-sous-Beaune le 5 mars 1800.

obligatoire pour tous les élèves; on introduisit les Pères de l'Eglise parmi les auteurs
expliqués. Des cours gradués de mathéma-
tique furent également institués. Bientôt le
petit séminaire de Plombières figura, par la
force des études, au premier rang des maisons d'éducation en France. Ce fut le jugement de M. de Salinis, mort archevêque de
Rouen, et de M. de Scorbiac, tous deux directeurs alors du célèbre collége de Juilly. Ces
maîtres éminents de la jeunesse faisaient
en 1831 une visite des principales maisons
d'éducation pour introduire dans leur collège, les améliorations qu'ils y trouveraient;
ils vinrent au petit séminaire de Plombières;
pendant plusieurs jours, ils firent subir un
examen aux élèves des diverses classes. Mes
condisciples pas plus que moi, n'ont oublié
les éloges qui furent par eux amplement prodigués et aux maîtres et aux élèves. Dès ce
moment ils offrirent à M. l'abbé Foisset de
l'associer à eux, comme troisième directeur
du collége de Juilly. Cette honorable propo-
sition fut acceptée plus tard.

M. Douhaire, dès longtemps l'un des directeurs et des rédacteurs les plus érudits du *Correspondant*, professait la rhétorique. C'est lui-même qui ouvrit le cours d'histoire pour les deux premières classes. Son imagination brillante, sa parole vive, imagée, l'intérêt tout palpitant qu'il mettait à ses leçons, provoqua bientôt un indicible élan.

Le nouveau supérieur avait conquis de prime-saut, l'entière affection et la confiance des élèves, il animait tout de son ardeur, alors pleine de verve et d'entrain. Il fonda une académie, où les meilleurs d'entre les élèves n'étaient admis que pour des travaux hors ligne, soumis à un sévère examen (1). Cette société d'émulation n'était qu'une union désintéressée des intelligences, comme on n'en rencontre qu'au printemps de la vie, à l'heure où l'on a les mêmes goûts et les mêmes perspectives.

M. Garnier avait sa place marquée dans

(1) La mort a déjà enlevé la plupart des élèves remarquables qui faisaient alors partie de l'Académie du petit Séminaire de Plombières, entr'autres : MM. Garnier, curé de Nuits; Léger, curé de l'église Saint-Michel, à Dijon; Naudin, chanoine de l'église cathédrale d'Autun. Chantôme, dont la hardiesse des idées n'a point fait méconnaître les talents hors ligne. M. Guizot tenait grand compte de ses écrits.

cette académie : il y fut admis dès sa créa-
tion ; et dans les séances publiques, la lecture
de ses travaux était toujours très-vivement
applaudie.

V

L'ardeur pour les études se manifesta sous
plus d'une forme.

Le règne de la Restauration fut sans contredit l'époque où le sentiment, l'imagination, les idées chevaleresques eurent le plus
de place dans notre siècle. C'était l'heure de
l'enthousiasme. On savait alors se pas-
sionner pour le beau ; il y eut un grand mouvement de renaissance pacifique et intellectuelle. La poésie, les lettres, les arts, asservis
par la police ombrageuse de l'empire, s'épa-
nouirent comme une fleur longtemps com-
primée. On oubliait, à force d'espérance, les
malheurs de la patrie ; on ne se rappelait
plus de la veille, on ne pensait pas aux len-
demains ; et comme l'a dit le plus célèbre
des pères de la république de 1848, « il semblait qu'on eut rendu l'air au monde as-

phyxié ; jamais le siècle ne verra pareille époque (1). »

Les grands écrivains, les publicistes, les philosophes, les orateurs, les poètes sortent en effet en grand nombre, comme des catacombes de la pensée : les Staël, les de Maistre, MM. de Bonald, de Chateaubriand, de Lamennais, Lainé, de Serre, de Lamartine, Victor Hugo, Casimir Delavigne, et Villemain et Cousin et Guizot, manifestaient chacun en leur genre, une efflorescence de la vie intellectuelle qui allait retentir jusqu'au sein de la jeunesse des écoles.

Une révolution littéraire éclata, ardente, passionnée. C'était une réaction contre les fades compositions du dix-huitième siècle et l'excès des réminiscences païennes. La lutte fut vive entre les *romantiques* et les tenants du *classique*.

Les écrivains romantiques s'affranchissaient des règles de style établies par les auteurs classiques. Ils puisaient de préférence leurs modèles parmi les vieux auteurs de

(1) De Lamartine.

notre littérature nationale, dans les romans des *Trouvères*, et dans les romances naïves du Moyen-Age. De là le nom de *romantiques* donné aux innovateurs. Madame de Staël, puis Chateaubriand et Lemercier commencèrent cette réaction contre l'école classique. M. de Lamartine la continua. M. Victor Hugo en fut le champion le plus bruyant par la hardiesse de son style et le rhytme hardi de ses vers. Il eut le tort de borner sa science historique dans ses drames à une affectation exagérée et parfois puérile de couleur locale.

Les élèves du petit Séminaire de Plombières étaient tenus au courant des productions importantes qui paraissaient : on se disputait la lecture des ouvrages de Chateaubriand ; on copiait les harmonies de Lamartine, les odes alors irréprochables de Victor Hugo ; on prenait part avec un enthousiasme plus ou moins raisonné à cette lutte aujourd'hui apaisée entre le *classique* et le *romantique*. Deux camps bien tranchés s'étaient établis ; on avait des signes de ralliements ; on se lançait des épigrammes,

on chantait des couplets où se manifestait
la verve bourguignonne. Nous devons constater qu'aucune amertume ne se mêlait à
ces luttes pacifiques qui mettaient un grand
entrain aux études.

L'élément romantique dominait dans
notre petite académie, et M. Garnier en
était un des champions les plus en relief.

VI

Nous ne nous contentions pas de suivre
le mouvement des idées du temps, les œuvres
catholiques trouvaient au petit Séminaire un
généreux écho.

O'Connel avait levé l'étendard de l'éman-
cipation catholique dans sa chère Irlande.
Ses discours faisaient appel à l'appui des
sociétés civilisées, et à l'opinion publique de
l'Europe. Les élèves de Plombières lui vo-
tèrent une adresse, l'assurant de leurs sympathies et de leurs prières. M. Garnier fut
chargé avec M. Chantôme de la rédaction
de cette pièce pleine de la bouillante ardeur
de la jeunesse. Avant de la signer, la lecture

en fut faite dans la vaste cour des récréations, en présence de toute la communauté réunie. De vives acclamations l'accueillirent. Elle fut immédiatement couverte de trois cents signatures et expédiée à son adresse. La réponse ne se fit point attendre : elle était digne du grand homme.

Cette même année, les pommes de terre, qui entrent pour une si grande part dans l'alimentation du peuple Irlandais, firent absolument défaut. La misère fut immense ; une effroyable famine ravagea ce pays catholique, alors si durement asservi par la protestante Angleterre. Ce malheur retentit douloureusement en France. Sur divers points des souscriptions furent ouvertes par les catholiques, pour venir en aide à leurs frères malheureux.

Les élèves du petit Séminaire de Plombières-lez-Dijon, acclament l'idée de contribuer à cette œuvre fraternelle : quelques-uns d'entre eux, dont M. Garnier faisait partie, sont choisis et députés auprès du supérieur ; ils répondent à toutes les objections qui leur sont faites et obtiennent que toute la communauté se privera de vin et de dessert pendant plusieurs mois, afin d'en consacrer la valeur, à la nourriture des élèves des séminaires irlandais. Ce sacrifice n'était pas sans quelque mérite pour des estomacs de douze à dix-huit ans.

L'abandon des prix de cette année fut également fait pour le même usage.

Quand la députation rapporta la réponse, une longue acclamation accueillit l'autorisation accordée.

On s'essayait ainsi aux luttes de la vie, à la fraternité catholique, à cette charité sans frontière qui est l'âme et le cœur de l'Eglise; et on se livrait à l'étude avec une ardeur fiévreuse et un élan soutenu, qui trempaient les caractères et préparaient des hommes.

VII

Les relations entre maîtres et élèves étaient parfaites; les punitions étaient rares, l'affection réciproque. Le jeune supérieur était avec nous, comme un père au milieu de sa famille. Quand il allait à Dijon, il pensait à ses enfants et n'oubliait guère de nous rapporter quelques jeux. Nous l'entourions à son retour ; nous lui enlevions les raquettes ou les cerceaux pressés sous son bras ; il lançait lui-même au milieu de la foule, sur la tête des élèves, un ballon rapporté dans sa main et qui bondissait longtemps sans toucher terre ; et les cris joyeux qui accueillaient ces attentions délicates, allaient au cœur du bon supérieur.

M. Douhaire, professeur de rhétorique, provoquait l'ardeur pour l'étude par la chaleur de sa parole et le charme qu'il donnait à ses leçons. Si ces lignes tombent sous ses yeux, nous lui demandons d'y trouver un souvenir reconnaissant que de longues années n'ont point affaibli, dans le cœur de ses élèves, au déclin de la vie.

Je dédie ces souvenirs, vieux de près d'un demi siècle, aux rares survivants de cette époque, acteurs et témoins de cet entrain qui nous animait.

CHAPITRE SECOND

**Etudes philosophiques. — Sa vocation ecclé-
siastique. — Grand Séminaire.**

I

Dans l'année scolaire 1830-1831, l'éminent
supérieur (1) voulut retenir autour de lui,

(1) M. l'abbé Sylvestre Foisset était de bonne souche : sa
grand'mère maternelle était sœur de l'abbé Bailly, bachelier
en Sorbonne, professeur de philosophie au collége des Go-
drans, mort en 1808, entouré de la vénération publique.
M. Louis Bailly est l'auteur du traité de théologie qui a été
longtemps classique en France, dans un grand nombre de
séminaires, particulièrement à Dijon. Ce traité était encore
suivi dans les premières années de l'administration de Monseigneur Rivet.

Son père, M. Jean Foisset, homme de grand sens, de grande
droiture et de grande fermeté, avait conservé intrépidement,
durant les mauvais jours de la révolution, la foi antique de
sa famille. Il refusa formellement la candidature qui lui était
offerte aux élections pour l'assemblée législative. Il était
taillé en athlète, et exerçait un grand ascendant autour de
lui. Quand on voulut piller les châteaux qui entouraient
Bligny-sous-Beaune, lieu de sa résidence, il en éloigna le
peuple ; il cacha dans sa maison les prêtres frappés par la
révolution. Déclaré suspect lui-même, il ne lâcha pas pied
devant la terreur, et, debout, au milieu de tous les fronts

après la rhétorique, quelques élèves des plus distingués, afin de leur enseigner lui-même la philosophie. M. Garnier fut du nombre des privilégiés.

Il aimait à rappeler les hautes questions qui furent discutées durant le cours de cette année. Le système philosophique de M. de Lamennais, avant sa condamnation, fut mis en suspicion, malgré le renom alors

abattus, ce rude champion imposa si bien aux démagogues qu'ils s'en prirent à sa bourse, n'osant s'attaquer à sa personne.

La foi chrétienne était demeurée dans l'intérieur de la famille Foisset d'une manière d'autant plus intense qu'elle était plus attaquée au dehors.

Un frère aîné du supérieur du Petit-Séminaire de Plombières, M. Séverin Foisset, mort jeune, avait eu le temps de se faire un nom parmi les hommes de lettres à Paris. Tous connaissent son second frère, M. Théophile Foisset, homme éminent comme magistrat, comme littérateur et polémiste, surtout comme catholique.

M. l'abbé Foisset, éloigné du séminaire par Monseigneur Rey, fut, pendant quelques années, directeur du célèbre collège de Juilly, avec MM. de Salinis et de Scorbiac.

En 1838, Monseigneur Rivet, à son arrivée à Dijon, le replaça à la tête du Petit-Séminaire de Plombières. Le corps des professeurs fut renouvelé, et les bâtiments élevés d'un étage, avec la distribution qu'ils ont aujourd'hui. Mais déjà la santé du supérieur était atteinte. Au bout de quelques années, il mourait, jeune encore, dans sa maison natale de Bligny-sous-Beaune, où il avait été transporté de Plombières ; sa tombe se trouve dans l'église de la paroisse, au pied de l'autel de la nef méridionale. Le Petit-Séminaire a placé dans sa chapelle une plaque commémorative de son célèbre supérieur, et sa statue en pied a sa place dans le piédestal qui porte saint Bernard, au milieu de la cour d'honneur de ce bel établissement.

éclatant de l'auteur ; les leçons de M. Bautain, le célèbre professeur de Strasbourg, qui occupaient le monde savant, furent plus en faveur.

Jusqu'ici les langues grecque et latine, l'histoire, la littérature, sans omettre la poésie qu'il cultivait non sans succès, avaient absorbé l'attention et les travaux de M. Garnier.

La philosophie ouvrit de nouveaux et plus vastes horizons à sa pensée. Il voulut approfondir les questions ardues qui font l'objet de cette étude. Il éprouva d'abord une grande admiration pour Socrate, Platon et Aristote, qui avaient illuminé les antiques croyances du paganisme par leur génie et par les lueurs jusqu'alors dispersées et obscures de la révélation primitive. La philosophie de l'ancienne Rome lui apparaissait moins satisfaisante : il trouvait dans Cicéron un brillant orateur, mais un philosophe dont les défaillances l'éloignaient.

Les systèmes modernes des philosophes allemands, avec leurs subtilités nuageuses, le repoussaient. Leurs travaux semblaient à ses yeux n'avoir d'autre but que d'obscurcir la vérité. Il faisait une exception pour le vaste génie de Leibnitz.

Il comparait l'éclectisme de M. Cousin, alors en grande vogue, à la toile de Pénélope ; sa droiture lui faisait repousser comme une monstruosité toute union entre le bien et le mal, la vérité et l'erreur, et l'accord entre des systèmes opposés.

Pour la première fois, il ouvrit et lut les écrits de nos grands philosophes catholiques. Il analysa le traité de l'existence de Dieu, par Fénélon, le discours sur l'histoire universelle, par Bossuet, sa connaissance de Dieu et de soi-même, son traité sur le libre arbitre, ses élévations sur les mystères. Il lut également les soirées de Saint-Pétersbourg, par M. Joseph de Maistre.

Il fut subjugué par la grandeur des idées de ces auteurs et la puissance victorieuse de leurs raisonnements.

II

C'est alors que se repliant sur lui-même, il commença à étudier, au point de vue pratique, les grands problèmes des destinées humaines, et, dans toute l'opiniâtreté de sa pensée, il approfondit le but de la vie de l'homme sur la terre, se promettant résolument de suivre le chemin qui devait le conduire plus sûrement au résultat final.

M. Garnier touchait à l'âge d'homme : il entrait dans sa vingtième année. L'heure était venue pour lui de choisir une carrière. Il en trouvait deux devant lui bien différentes : le monde et l'Eglise.

La nature l'avait traité avec une grande faveur : il avait une mémoire exercée et fidèle, un jugement sûr, une admirable facilité de parole au service de pensées sérieuses, un cœur chaud, une grande aptitude à tout travail intellectuel et le goût de l'étude. Il jouissait en outre d'avantages extérieurs qui aident grandement au succès, dans nos sociétés humaines : sa taille était élevée ; il avait un front large rayonnant d'intelligence, une chevelure abondante et bouclée, la lèvre fine, la bouche bien proportionnée, et une distinction de manières qui le faisait remarquer partout où il apparaissait. Ceux qui ne l'ont connu qu'à l'âge où les fatigues de sa vie laborieuse, les préoccupations de son difficile ministère, et les déchirements d'une maladie opiniâtre l'avaient marqué de leur empreinte, ne sauraient se faire une idée de la délicatesse de ses traits, et de la beauté de toute sa personne.

Il pouvait donc se promettre dans le monde une brillante carrière. Sa vie semblait d'autant mieux tracée de ce côté, que l'Eglise, humainement parlant, n'offrait absolument rien qui pût attirer vers elle.

III

Une révolution violente venait de triompher. Pendant trois jours le sang français avait ruisselé dans les rues de Paris. La royauté légitime avait repris le chemin de l'exil. Le duc d'Orléans s'était fait ou laissé proclamer roi à la place de son neveu dont il devait être le régent.

L'ouragan révolutionnaire de Juillet 1830 avait été préparé et dirigé contre la religion autant que contre la couronne.

Le clergé avait accueilli avec joie le retour des Bourbons, en 1814 : ses malheurs avaient commencé, en France, avec ceux de la royauté ; il était donc naturel que l'Eglise espérât être affranchie des lois de la république et de l'empire, qui avaient détruit sa fortune et surtout enchaîné sa liberté et sa puissance. Bien que la Restauration eût conservé ces mêmes errements pour en profiter au besoin, l'attachement du clergé pour la maison de Bourbon prit une apparence trop politique aux yeux d'une partie de la nation, qui crut y voir une sorte d'alliance du trône et de l'autel contre les libertés publiques. Dès lors le clergé devint solidaire des actes du gouvernement et, après la révolution de 1830, il fut traité en ennemi.

La religion se trouvait sans protecteur

visible en présence de ses adversaires victorieux.

Déjà les exigences du parti libéral avaient
arraché au gouvernement affaibli de la Restauration les ordonnances du 16 juin 1828,
qui portaient atteinte à la liberté de conscience, supprimaient huit maisons d'éducation religieuse, limitaient le nombre des
élèves des petits séminaires, et imposaient
aux enfants de ces écoles le costume ecclésiastique.

Après les *glorieuses* journées de Juillet, le
gouvernement nouveau retira les bourses
accordées aux petits séminaires ; de simples
sous-préfets supprimèrent de leur autorité
propre à certains prêtres les mandats sur le
trésor public, par cette seule raison qu'ils
n'étaient pas contents de la conduite du
clergé. Le pouvoir empêchait aux évêques
de se réunir. Les simples curés de campagne
furent placés sous la surveillance des mai-
res ; ils devaient perdre pour chaque jour
d'absence une partie proportionnelle de leur
modique traitement. Une circulaire de
M. Casimir Périer enjoignit aux gendarmes

et à tous les agents du pouvoir de surveiller rigoureusement les mouvements des curés hors de leurs presbytères.

Chaque jour les journaux racontaient quelques attaques contre le culte ou le clergé.

Nous voulons en rapporter une qui témoigne hautement de l'esprit du temps et des violences populaires, dont l'écho venait troubler le silence de notre séminaire. Nous en empruntons le récit à un historien protestant, qui avait eu sa part dans la révolution victorieuse et dont la plume ne saurait être suspecte :

« Les scènes effrénées qui suivirent le ser-
« vice religieux célébré, le 14 février 1831,
« dans l'Eglise de Saint-Germain l'Auxer-
« rois, en l'honneur de M. le duc de Berry,
« assassiné onze ans auparavant par Louvel,
« dit M. Guizot, sont présentes à ma mé-
« moire aussi vivement que si elles étaient
« encore devant mes yeux. J'ai vu, comme
« tout le monde, flotter sur la rivière et traî-
« ner dans les rues les objets du culte, les vê-

« tements ecclésiastiques, les meubles, les
« tableaux, les livres de la bibliothèque
« épiscopale ; j'ai vu tomber les croix ; j'ai
« visité le palais, ou plutôt la place du pa-
« lais de l'archevêque, la maison du curé de
« Saint-Germain l'Auxerrois, et l'église
« même, cette vieille paroisse des rois après
« leur dévastation. Ces ruines soudaines,
« cette nudité désolée des lieux saints
« étaient un spectacle hideux, moins hi-
« deux pourtant que la joie brutale des des-
« tructeurs et l'indifférence moqueuse d'une
« foule de spectateurs.

« De toutes les orgies, celles de l'impiété
« populaire sont les pires, car c'est là
« qu'éclate la révolte des âmes contre leur
« vrai souverain ; et je ne sais, en vérité, les-
« quels sont les plus insensés de ceux qui
« s'y livrent avec fureur ou de ceux qui sou-
« rient en les regardant....

« Les manifestations légitimistes de Saint-
« Germain l'Auxerrois étaient, à coup sûr,
« moins dangereuses pour le pays et pour le
« pouvoir que les processions et les exigen-

« ces républicaines du Panthéon, que
« M. Laffitte et ses amis traitaient avec tant
« d'égards. » (1)

Le vénérable archevêque de Paris, Monseigneur de Quélen, n'échappa à la mort qu'à l'aide d'une haute protection.

Les partis furent seuls acteurs dans ces actes de sauvagerie ; mais le gouvernement en resta spectateur paisible, s'il n'en fut l'instigateur voilé. Il voulait sans doute soumettre le clergé en l'effrayant, mode révolutionnaire non moins opposé à l'honnêteté qu'au résultat espéré.

Nulle contagion ne se propage aussi rapidement que celle de l'anarchie. Dans les jours qui suivirent le sac de Saint-Germain l'Auxerrois et de l'archevêché de Paris, à Lille, à Arles, à Nîmes, à Perpignan, des scènes semblables éclatèrent avec ce même mélange de violences politiques et de passions impies. Ici, la statue du duc de Berry est mise en pièces par la foule ; là le buste de

(1) Mémoires pour servir à l'histoire de mon temps.

Louis XVIII est traîné avec insulte dans les rues ; ailleurs, le séminaire est pillé et incendié ; ailleurs encore, l'évêque se croit obligé d'accorder à des groupes tumultueux la révocation d'un curé.

Dijon ne reste pas en retard : des groupes démagogiques, sans aucun prétexte, au milieu de la nuit, ébranlent à coups de cailloux les portes du grand séminaire ; on renverse la croix de mission solennellement élevée, en 1824, sur la grande place, vis-à-vis la porte Guillaume, au lieu même où se trouve aujourd'hui le jet d'eau de la place Darcy. Cette croix est encore dans l'église cathédrale.

Le même attentat se renouvelle à Beaune et dans d'autres lieux. Les prêtres sont insultés dans les rues. On plante dans les villes et dans chaque village des arbres de la liberté, et on veut contraindre le prêtre à leur porter une bénédiction dérisoire.

IV

Dans le fracas de ces persécutions qui se produisent sur tous les points de la France agitée, au milieu de menaces incessantes à l'adresse du clergé, quelle famille osera donner ses enfants au sacerdoce ? Quel attrait pourrait attirer un jeune homme dans cette arène du martyr ?

De notre solitude de Plombières nous suivions ces mouvements désordonnés, nous comptions les violences chaque jour croissantes. Aux jours de l'été, après le repas du soir, on nous conduisait respirer l'air frais sur les bords du canal, dans ce magnifique vallon qui relie Plombières à Velars; c'était l'heure où chaque jour passaient les grandes voitures Laffitte et Gaillard, qui faisaient le service entre Paris et Dijon; nous les apercevions de loin, aux drapeaux tricolores qui flottaient au sommet. En nous abordant, les postillons qui nous saluaient respectueusement quelques mois auparavant, donnaient l'intonation de provocations et d'injures contre nous. Aussitôt toutes les portières, tous les vasistas se garnissaient de têtes, et les voyageurs, qui le plus souvent n'étaient pas de simples ouvriers, faisaient entendre des clameurs offensantes à l'adresse de jeunes gens inconnus d'eux et tout à fait inoffensifs (1).

La signification de ces manifestations hos-

(1) Nous nous étions habitués à ces vociférations insensées, chaque jour répétées et qui toujours étaient mêlées très à contre-temps aux cris de : Vive la liberté ! Nous avions fini par en rire. D'ordinaire. nous passions indifférents ; d'autrefois, nous nous arrètions tous, et nous découvrant, nous faisions ironiquement une profonde inclination à ces insulteurs inconnus. Un jour le complot fut formé de donner une leçon ; des mesures furent facilement prises pour mettre les surveillants en tête de la promenade. Quand la *diligence* fut arrivée au milieu du cortége des trois cents élèves que nous étions, et quand les cris de : couas ! couas, s'épanouissaient en plein, les plus robustes d'entre nous mirent les mains sur les guides, arrètèrent les chevaux et arrachèrent le fouet des mains menaçantes du cocher. Le silence se fit incontinent. Ordre fut donné aux insulteurs de faire des excuses, sous la menace peu sérieuse de voir cocher, chevaux, voiture et voyageurs, contenant et contenu, lancés dans le canal : la couardise est la compagne ordinaire de l'insolence. Pleine satisfaction nous fut accordée.

Un autre jour, un postillon isolé, ramenant ses chevaux de poste, se mit à pousser les cris ordinaires de vulgaires insultes. On arrêta sa monture et il fut hué surabondamment. Très-décontenancé, il lâcha les étriers, sauta à terre et déboutonna son vêtement essentiel. Cent mains se remplirent à la fois de la poussière abondante de la route et remplirent le pantalon entier ; toute sa personne en fut entièrement couverte ; pendant cette opération. d'autres fouettèrent les chevaux qui partirent au galop. Le pauvre postillon demanda grâce, et honteux et confus, promit, comme le renard, qu'on ne l'y prendrait plus.

La veste en pointe du postillon laissa sur le champ de bataille les boutons en forme de petites clochettes, qui l'ornaient.

Le maître surveillant nous gronda pour la forme, enchanté au fond de la leçon méritée qui venait d'être lestement administrée sous ses yeux.

tiles n'échappait point à nos jeunes intelligences. Nous nous en entretenions souvent entre nous : notre naïf amour de la liberté de chacun s'irritait de ces violences injusticiables et nous faisait prendre à dégoût des doctrines politiques qui inspiraient de pareils agissements. C'est ainsi que les partis violents s'aliènent tout ce qui reste encore de pur, de généreux et de désintéressé dans nos sociétés malades.

Quoiqu'il en soit, on doit reconnaître que si rien dans ces symptômes de plus en plus menaçants n'était de nature à pousser dans les rangs du sacerdoce, toute considération humaine devait en éloigner. Dans nos temps périlleux, les vocations ecclésiastiques sont des miracles vivants qui ne frappent point assez les regards, parce qu'on s'y est accoutumé.

V

M. Garnier fut attiré par cela même qui devait l'éloigner. Son âme élevée fut séduite par la grandeur du dévouement ; il trouvait beau de s'enrôler sous le drapeau du Christ, à l'heure même où il était le plus attaqué. Dès lors son parti fut arrêté.

C'était avec une sorte d'enthousiasme, et en pleine connaissance de cause, que nous demandions à nous enrôler dans l'armée des vaincus et des persécutés.

Plein de jeunesse et d'avenir, ayant terminé ses études avec un brillant éclat, favorisé de tous les dons nécessaires pour aspirer avec confiance à la fortune, sinon à la gloire, M. Garnier entra résolument au grand séminaire de Dijon, s'embarquant de gaieté de cœur, sur une nef agitée, dans une mer qui ne lui promettait que luttes et tempêtes, choisissant librement, pour la pénible traversée de la vie, le poste où d'avance il savait qu'on recueille abondamment le dédain de l'ignorance, les attaques passionnées de la mauvaise foi, les injures de la foule aveuglée, l'ingratitude d'un grand nombre, ne demandant pour lui-même rien à la société, pas même le maigre salaire d'une fugitive renommée, pas même le médiocre bien être que l'homme modeste dans ses désirs a le droit

de désirer et de recueillir, sans souci du mor-
ceau de pain de chaque jour, résolu d'avance
à la gêne de toute la vie, à l'isolement dans une
campagne retirée, loin du commerce des gens
instruits, sollicitant seulement, de Dieu et de
l'avenir, pour les fils de sa croyance, un peu
plus de vertus, et pour lui-même la liberté
de se dévouer en faveur des délaissés de la
fortune et du bonheur, de sauver les âmes,
et de travailler à la gloire de Dieu !..

C'est ainsi qu'il portait haut ses vues dé-
sintéressées de la terre, ambitionnant comme
un bien et un honneur suprêmes de se dévouer à Dieu et aux hommes, ses frères, dans
le ministère sacerdotal.

Libre à chacun d'agir autrement; mais
nous plaindrions les gens qui pourraient
méconnaître la grandeur de ces sentiments,
et ces dévouements obscurs quoique héroïques que Dieu seul peut inspirer aux âmes
généreuses.

VI

Au grand séminaire, sa foi et sa piété prirent un nouvel essor. Des notes secrètes sur

cette époque de sa vie sont d'un penseur et d'un saint. On y trouve l'ordre qu'il a toujours affectionné et l'inflexible logique de ses pensées.

Avec son ardeur naturelle, il se livre de nouveau et plus complétement à la méditation des grandes vérités qui doivent être la boussole de la vie humaine. Comme première conclusion, « Je veux, dit-il, être un homme et, pour être véritablement homme, il faut être chrétien, c'est-à-dire fort contre les entraînements et contre soi-même ; il me faut donc dompter mon caractère, assouplir ma volonté, m'attacher irrévocablement au devoir. Je le veux et je le puis avec la grâce de Dieu, *io voglio, io voglio, io il posso.* »

Dans cette retraite plus silencieuse il sonde les profondeurs de son âme, aux lueurs de la prière, pour bien pénétrer les vues de Dieu sur lui.

Il analyse, avec une grande élévation, la dignité du prêtre et sa sublime mission : « parler au nom du Christ, dit-il ; agir avec « son accablante toute puissance ; arracher « le criminel à l'enfer et lui ouvrir le ciel ;

« commander au roi de la terre et des cieux
« et être obéi ; toucher de ses mains son corps
« adorable et le donner aux autres ; chaque
« jour s'asseoir à sa table, se nourrir de sa
« chair, s'abreuver de son sang divin ; ces
« pensées me confondent ! cette dignité m'ef-
« fraie ! Oh ! si on regardait avec la plénitude
« d'une foi ardente ! Si on comprenait ! Pour
« moi, mon Dieu, je m'agenouille en ce
« moment devant la surhumaine grandeur
« de vos prêtres ; je les considère comme des
« envoyés du ciel, comme vos représentants
« visibles, bien au-dessus de l'humanité.
« Comment oserais-je prétendre à tant de
« hauteur et de gloire ! »

De longues luttes alors se soulevaient,
comme les flots des tempêtes, dans cette âme
ardente, mais pleine de simplicité et de droiture. Il désire le sacerdoce, et il recule devant
ses hauteurs formidables. Parfois, contem-
plant les difficultés de l'avenir, il retombe
affaissé sur lui-même. « Que mon âme est
« en souffrance ! dit-il ; mon Dieu, ne me
« délaissez pas. Eloignez de moi cette dou-
« loureuse pensée : Y arriverai-je ? »

Et se relevant aussitôt : « Pourquoi suis-
« je sur la terre? Est-ce seulement pour
« jouir? non. Comme tous les enfants d'A-
« dam, il me faut y porter ma croix. Je sais
« cela, et l'appréhension d'un peu de peines
« me ferait craindre ! Jésus si saint et si bon
« a consenti à être crucifié. Je vois ses mains
« percées, ses pieds traversés de gros clous;
« son sang coule à flots sur le monde, et sa
« bouche ne s'ouvre que pour pardonner et
« pour bénir ses bourreaux ! O mon Dieu,
« augmentez ma foi et mon amour! Pour-
« quoi me laisser ainsi abattre? Il n'y a que
« trois jours que j'ai eu le bonheur de rece-
« voir mon Dieu; il est là, avec moi, dans
« mon cœur. Que je croie abondamment et
« je suis content ! Que je vous aime sans me-
« sure, ô Jésus, et je ne désire plus rien !

« Que les choses de Dieu sont belles et
« consolantes ! Mon âme est soulagée et en
« paix. Vous m'avez exaucé, soyez béni, ô
« mon Dieu.

« Quand je me trouverai sous pareille im-
« pression, je lirai le récit de la passion du
« Sauveur.

« Que m'importe le monde ! Je veux d'une
« volonté ferme être à Dieu et rester à Dieu.
« Et quand même je devrais quitter cette
« maison, avec l'aide de Dieu, je resterai
« chaste et pur.

« ...Qu'est-ce donc que le cœur de l'hom-
« me ? Etrange abîme où tout est mystère
« et ténèbres... »

Sa vive impressionnabilité se manifeste
sans cesse, mais toujours tempérée par son admirable foi « Je deviens un peu plus homme,
« dit-il encore ; mais que j'ai à faire pour
« être ce que je dois être, ce que je veux être !
« Le temps marche. Bientôt il me faudra
« figurer dans le monde, commencer l'œu-
« vre qui me sera confiée... La vue de
« mes imperfections me jette dans l'abatte-
« ment. Cette idée de mon insuffisance me
« poursuit partout, plus encore dans la soli-
« tude, où les idées fermentent et grandis-
« sent. Cette nuit j'étais brûlant dans mon
« lit, trempé de sueur, m'agitant sous cette
« idée qui pesait sur moi comme une cou-
« verture de plomb. »

Les récréations étaient pour son esprit une heureuse diversion ; dans ses conversations avec ses condisciples, il montrait constamment une verve entraînante et pleine de charmes. Les saillies abondaient ; mais il y amenait tout naturellement un côté sérieux et utile. Tout devenait un sujet de méditation pour cette intelligence essentiellement pratique, et pourtant il y avait de la poésie dans cette riche nature, on le sent dans les rares récits qui nous sont restés de lui (1).

(1) « Ce soir, dit-il, j'ai passé ma récréation avec Dumontier et Léger. Il y a toujours profit à s'entretenir avec les gens vertueux. Nous avons discuté sur l'Eternité. Voici ce que j'en ai conclu : l'Eternité n'est qu'un point pour Dieu ; toutes choses passées et futures sont pour lui choses présentes : *Ego sum qui sum*, Dieu est celui qui est, non celui qui a été, ni celui qui sera. Pour l'homme, au contraire, tout est passé ou futur ; son présent est insaisissable. »

Ailleurs : « je vais me mettre au lit. Viendra un jour où je me coucherai pour la dernière fois ; ma chair sera jetée à la pourriture, mon corps aux vers. Ce jour, chaque minute le rapproche de moi. La mort... l'Enfer... l'Eternité... *pauci electi*... Quel sera mon partage? Si je le veux fermement, je puis me sauver ; ô Jésus, que je vous aime de plus en plus ! Sainte-Vierge Marie, je mets sous votre protection et cette nuit et ma vie tout entière. »

.... Aujourd'hui, nous avons fait une promenade à Fontaine. Je me suis incliné devant le buste du grand saint du lieu. J'ai demandé à saint Bernard son amour pour Dieu, son zèle pour le salut des âmes. Dans le cimetière, autour de l'église, j'ai lu sur la tombe d'une jeune fille de huit ans : « Chère enfant, tu vis à jamais dans nos cœurs ! » J'ai été ému

VII

Quand la voix de Dieu se fit entendre plus clairement à lui, il s'appliqua avec toute la tenacité de son esprit à acquérir les vertus et la science du prêtre.

« Je crois que Dieu me veut dans son sa-
« cerdoce; je sens que c'est là qu'on peut

et j'ai prié avec ferveur. Le souvenir de ceux qui ne sont plus de ce monde se fait rare; c'est une tristesse de plus dans la mort. La vue d'un cimetière de campagne m'a toujours vivement impressionné.

6 février 1833, une charmante promenade à Chenôve. Ce village me plait et m'attire. Le temps était tiède, le ciel bleu, pas le plus léger souffle de vent, une vraie journée de printemps. J'étais avec D... et T... La conversation a été littéraire : nous avons admirablement devisé sur le rôle de Ximenès en Italie. — Au mois de mars 1833, sa santé fatiguée l'avait ramené momentanément dans sa famille, à Châteauneuf. Pendant ce temps de repos obligé, une confirmation eut lieu à Sainte-Sabine. Il fait sur ce sujet un tableau plein de fraîcheur : « Je n'ai pu assister à cette belle fête. Du jardin paternel, j'ai vu se dérouler dans la campagne en fleurs de longues files de processions, parties de Meilly, de Crugey, de Vendenesse, de Châteauneuf, qui toutes convergeaient vers un point central, comme tous les hommes vers la mort. Toutes les cloches des villages voisins faisaient entendre ensemble leur joyeuse harmonie; de temps en temps, le vent, quand il se dirigeait de mon côté, m'apportait, avec les parfums embaumés des champs, les voix pieuses des fidèles qui chantaient un hymne à la Vierge. Le cœur me battait. Je ne sais rien de suave comme les impressions religieuses. Allez, jeunesse, recevoir le Saint-Esprit, sous la main de votre évêque, et qu'il guide vos pas dans le chemin si périlleux de la vie !

« faire le plus de bien, avec plus de sacri-
« fices. J'espère qu'aidé de la grâce, je pour-
« rai ramener des âmes à Dieu. Je me sens
« entraîné à prêcher l'évangile.

« Le temps presse ; il faut que je m'ob-
« serve, que je devienne plus humble, plus
« fervent, plus saint. Il le faut : sans cela, je
« n'aurais qu'une fausse vocation. Il y a des
« instants où je me sens accablé, anéanti ;
« d'autres où j'éprouve de douces consola-
« tions spirituelles. Mon tempérament in-
« flue singulièrement sur mon caractère ; je
« suis souvent morose, parce que je suis sou-
« vent souffrant. C'est un défaut. Je dois
« travailler à être plus égal, et à mieux me
« commander à moi-même.

« Le prêtre doit enseigner. Pour cela, il
« doit être instruit. Il faut donc me hâter de
« fortifier et d'agrandir mon instruction
« et pour moi et pour les autres. »

Il s'appliqua à l'étude de la théologie, véritable encyclopédie de la science et des devoirs de l'homme. Il se mit en même temps
à étudier les écritures sacrées, les saints Pè-

res, l'histoire de l'Eglise. Il sut encore trouver le temps d'apprendre l'Italien et l'Anglais dans ses instants libres.

VIII

En ce moment, un nouveau et radical changement s'opère dans l'administration ecclésiastique du diocèse.

Le concordat de 1801 avait concédé au gouvernement français le droit de présenter les évêques au Saint-Siége, et d'autres faveurs qui n'avaient été consenties, aux termes mêmes du préambule, que parce que les consuls *faisaient profession de la religion catholique*. A l'égard de la nomination des évêques, il était stipulé que si les consuls et leurs successeurs cessaient de *faire profession de la religion catholique*, un nouveau concordat règlerait le mode de nomination aux évêchés.

Les chefs du pouvoir qui venait de s'établir s'étaient séparés du catholicisme au moins théoriquement. Un des principes fondamentaux proclamés par eux était celui-ci ; « *Il n'y a plus de religion d'Etat;* en d'autres termes : *L'Etat ne professe aucune religion.* Pour la première fois on vit le chef de la nation renoncer au sacre des rois et ne donner aucun signe extérieur de catholicisme, non par impiété personnelle, mais pour se conformer à l'opinion triomphante et se montrer conséquent au nouvel ordre de choses. Les nouveaux ministres étaient déistes, juifs, protestants, incrédules.

Le gouvernement sorti de cette révolution était donc hostile à l'Eglise. Il ne voulut point d'une persécution ouverte qui l'eut vite diminué et détruit; mais il s'appliqua à dominer le clergé. Quoiqu'il ne fût plus dans les conditions voulues, il revendiqua le droit de présenter les évêques à la nomination du Pape.

Ses premiers choix ne furent point heureux. Rome en rejeta plusieurs comme indignes.

L'archevêché d'Aix devint vacant. Monseigneur Raillon, malgré son âge et ses infirmités, accepta ce poste alors entouré de difficultés.

M. l'abbé Rey, vicaire général à Aix, fut désigné pour l'évêché de Dijon par l'influence déjà grande de M. Thiers, son compatriote, à qui il avait lui-même rendu des services.

L'épiscopat français et le clergé, ainsi que les catholiques influents de Dijon, n'accueillirent pas ce choix sans défiance ; des réclamations furent adressées au gouvernement et au Souverain Pontife.

Le pouvoir civil mit une vive insistance à l'acceptation de son candidat. Rome, dans sa sagesse, crut devoir confirmer ce choix. Aucune objection du reste n'avait été portée ni contre la parfaite intégrité de la foi de M. l'abbé Rey, ni contre la pureté de sa vie morale.

Mgr Rey fut sacré à Aix, le 23 septembre 1832, par un évêque étranger, et prit immédiatement possession de son siége par procureur.

Peu de jours après, il arrivait lui-même à Dijon.

Son premier acte fut de changer tout le personnel de l'administration de son prédécesseur. M. l'abbé Morlot, vicaire général de

Mgr Raillon, puis délégué du Chapitre, qui jouissait entièrement de la faveur publique, fut laissé sans fonctions.

M. l'abbé Bauzon, depuis longtemps directeur du grand séminaire, fut remplacé, malgré les réclamations des élèves, et éloigné de Dijon.

M. l'abbé Foisset, supérieur aimé du petit séminaire, fut congédié, et alla rejoindre, à Juilly, MM. de Salinis et de Scorbiac qui l'avaient en grande estime comme maître de la jeunesse.

Un assez grand nombre d'élèves s'éloignèrent avec lui de Plombières. Partout où ils se rendirent, aux colléges de Juilly, de Dijon, de Beaune, au petit séminaire d'Autun, ils tinrent le premier rang dans leurs classes, constatant ainsi la force des études de notre petit séminaire diocésain.

Il n'est point permis de suspecter les bonnes intentions de Mgr Rey, évêque pieux, se faisant volontiers le défenseur de ses prêtres attaqués. Mais mis en défiance par les protestations qui avaient devancé son arrivée, il s'entoura de prêtres étrangers qui ne connaissaient ni le clergé du diocèse, ni l'esprit des populations, et qui, pour rester en faveur, avaient besoin d'écarter toute influence locale et désintéressée.

Le pauvre évêque fut mal entouré et mal conseillé. On lui fit ouvrir les portes de son diocèse et de son grand séminaire à un clergé cosmopolite, dont les scandales firent à notre pays une tache imméritée, où le clergé indigène n'eut point de part.

Des élèves des deux séminaires et des meilleurs furent écartés, sur le soupçon chimérique qu'ils appartenaient à *l'opposition.*

M. l'abbé Garnier fut plus d'une fois menacé, sans autre prétexte que la fidélité de son affection et de sa reconnaissance pour M. Foisset, son ancien supérieur, devenu son ami. C'est alors que l'idée de porter la lumière évangélique aux nations déshéritées de la foi sollicitait son dévouement, et c'est cette même pensée qui lui faisait alors écrire : « Si je ne puis arriver, je sais ce que je ferai. »

Cette défiance pourtant ne laissait point méconnaître sa valeur trop évidente. Quant à l'instar de ce qui se faisait ailleurs, des conférences furent établies au grand séminaire de Dijon, en dehors des classes réglementaires. M. l'abbé Garnier fut placé à la tête de l'une de ces conférences. (1)

(1) Le soir, avant le dîner, chaque cours avait sa conférence présidée et dirigée par un élève; on y rendait compte des questions traitées dans les classes faites dans le même jour par les professeurs.

Les maîtres de conférence désignés étaient pour les cours de théologie : MM. Garnier, Tainturier, aujourd'hui chanoine, et Gaillet, plus tard professeur au grand Séminaire ; pour le cours de philosophie : MM. Batault et Thomas.

CHAPITRE III

Ordination. — **La cure de Gurgy-le-Château.** — Installation. — Impression produite. — Epidémie.

I

La Providence veillait sur M. Garnier et ne voulait point que le diocèse de Dijon fût privé de ses talents et de son zèle. Lui-même aimait son pays de préférence. Bien des fois, plus tard, je l'ai entendu émettre cette même pensée en exprimant des regrets, chaque fois qu'un prêtre, ou un jeune séminariste de mérite, quittait le diocèse pour un diocèse étranger ou pour un corps religieux. (1)

(1) «Quels que soient vos goûts, écrivait-il à un de ses amis, quelles que soient vos répugnances pour la vie pastorale, je ne puis me faire à la pensée de votre éloignement. Je la condamne. N'est-ce donc pas dans ce diocèse de Dijon que sont vos amis, qu'habite votre famille, que se trouvent des âmes que vous connaissez, qui vous aiment, qui ont confiance en vous, et que vous-même, j'en ai plus d'une preuve, vous aimez grandement ? Avez-vous bien pensé aux déchirements que votre éloignement produira et en vous et dans

Il avait reçu la tonsure le 6 avril 1833, et les quatre ordres mineurs le 21 décembre suivant.

Il fut appelé au sous-diaconat. Il ne se troubla point du grand et solennel engagement qu'il allait contracter. Il avait d'avance pesé à la balance de sa conscience, sous l'œil de Dieu, les responsabilités que cette démarche entraîne. Il accepta résolument et se prépara pieusement et courageusement à cette action qui allait décider de toute sa vie de la terre et de son éternité.

C'est le 24 mai 1834 qu'il s'engagea définitivement, par les liens du sous-diaconat, dans la milice de l'Eglise. Ses contemporains

« les autres ? Etes-vous bien assuré de faire plus de bien dans
« une autre situation ? Pourquoi porter ailleurs votre talent
« et votre zèle dont votre diocèse natal a tant besoin ?... Lais-
« sez à ma vieille amitié la consolation de vous guider en
« cette circonstance : Mourons où jusqu'alors nous avons
« combattu ! Est-ce que Dieu nous demandera compte du
« bien que nous n'aurons pu faire ? Sans doute votre carrière
« deviendra plus brillante aux yeux du monde sur un théâtre
« plus digne de vous ; mais les ennuis grandiront dans la
« même proportion, avec les jalousies qui se trouvent par-
« tout. Cédez à mon affection et restez parmi nous. Je le veux.
« Je le veux..... »

Je cite ces paroles comme une preuve de son amour pour son diocèse et de l'éloquence de son cœur qui n'a jamais vieilli.

se rappellent encore sa ferveur et ses émotions en ce jour mémorable pour lui.

Le 13 juin de l'année suivante, il fut promu au diaconat.

Pendant les vacances qui suivirent, le vénérable curé de Chateauneuf, où son père s'était retiré, obtint de l'autorité diocésaine de faire prêcher M. l'abbé Garnier dans son église. Sa parole vibrante, émue, encore sous le feu de sa récente ordination, remua profondément les âmes et révéla dès-lors ce qu'il était permis d'espérer de son éloquence.

A cette même époque, il fut autorisé, quoique simple diacre, à conférer solennellement le baptême à une nièce qui a vécu de sa vie et qui lui a fermé les yeux.

Enfin, le 28 mai 1836, il recevait l'ordre de la prêtrise, avec dispense d'âge ; il allait bientôt terminer sa vingt-quatrième année.

II

Ce même jour, une commission épiscopale lui assignait un poste à l'extrémité du diocèse, à soixante-dix kilomètres de Dijon, au canton de Recey, dans un petit village agreste, perdu au fond d'une gorge, entouré de bois et de montagnes et tout-à-fait inconnu de lui.

La pensée du murmure ne lui vint pas. Il se rendit simplement et gaiement à Gurgy-le-Château, son poste assigné, tout réjoui d'avoir enfin à s'occuper des âmes, à les convertir, à les soutenir, à les sauver. Il ne s'était fait prêtre que pour cela.

Le lendemain, à la messe du dimanche, en présence d'un de ses amis et condisciples (1), eut lieu son installation.

Un habitant de Gurgy, homme d'intelligence et d'un grand cœur, qui a gardé à M. l'abbé Garnier, jusqu'au dernier moment, la plus affectueuse et la plus touchante reconnaissance, m'écrivait au moment de sa mort:

« M. Garnier sera à jamais l'honneur de « la cure de Gurgy; après un court séjour et

______

(1) M. l'abbé Boffait, qui venait d'être nommé curé dans le voisinage, à Rochefort, canton d'Aignay. M. Boffait est mort, il y a quelques années, curé de Foissy, au canton d'Arnay-le-Duc.

« à quarante années de distance, sa mémoire
« y reste vivante et en grande vénération. Il
« avait frappé, tellement frappé tous les es-
« prits, qu'on se rappelle encore tous les
« faits principaux de son administration.

« La paroisse entière se trouvait à l'E-
« glise pour son installation. On avait hâte
« de le voir, de l'entendre. Tous furent émer-
« veillés de la distinction de ses manières,
« de la beauté de sa personne, de sa figure
« jeune, ouverte et franche, où rayonnait l'in-
« telligence. On se rappelle encore le pre-
« mier discours qu'il adressa à ses parois-
« siens, en apparaissant au milieu d'eux ; il
« prit pour texte cette parole de Dieu à Abra-
« ham : *egredere de terrâ tuâ...* sortez de
« votre pays, quittez la maison de votre
« père et venez dans la terre que je vous
« montrerai.

« Gurgy était la terre promise, qui lui
« était montrée. Il y venait non de lui-même,
« mais de la part de Dieu, pour enseigner à
« tous les vérités et les devoirs qui font
« l'homme et le chrétien et les conduisent à

« leur éternelle destinée. La gloire de Dieu et
« le salut des âmes, tel est le résumé de la
« mission du prêtre, qu'il développa d'une
« manière saisissante.

« De prime-saut, il avait conquis toute la
« paroisse, heureuse et fière d'avoir à sa
« tête un prêtre qui réunissait à la fois toutes
« les distinctions du corps et de l'esprit (1). »

Les premiers mois se passèrent sans incident remarquable.

Malgré sa supériorité intellectuelle, le nouveau curé s'accommodait de la simplicité de ses paroissiens ; il se plaisait à les visiter, à s'entretenir avec eux ; il les charmait tous par la vivacité de son esprit et la bonté qui découlait de son cœur ; il montrait l'intérêt qu'il portait à leurs enfants, et à la prospérité de leurs affaires. Ses spirituelles saillies étaient recueillies ; elles volaient de bouche en bouche ; elles charmaient les esprits.

« Ce qui frappait surtout les yeux de la

(1) M. l'abbé Bergerot, auteur de divers cantiques pleins de piété et de poésie.

« population, dit M. Bergerot, c'était la te-
« nue toujours digne de M. Garnier, partout,
« mais surtout dans l'Eglise, à l'autel, en
« chaire, dans toutes les fonctions sacerdo-
« tales ; l'esprit de foi et le sentiment pieux
« éclataient dans sa manière de chanter l'E-
« vangile et la Préface; aux offices des morts,
« la gravité de sa voix et son ton pénétré
« étaient des actes d'espérance et de conso-
« lation des plus accentués. Tout en lui res-
« pirait la poésie d'une âme vraiment sacer-
« dotale, saintement éprise des beautés de
« la religion et de la splendeur de son culte.

« Qu'il était beau et édifiant, quand aux
« jours de bénédiction du Saint-Sacrement,
« à genoux au pied de l'autel, devant le Dieu
« de l'Eucharistie, il chantait seul, d'une
« voix également pieuse et enthousiaste :

« Que cette voûte retentisse

« Des voix et des chants des mortels !....

« On l'écoutait, on le suivait de la pensée
et du cœur.

« Bientôt on put dire qu'il était entouré

« de l'estime, de l'affection et de l'admira-
« tion de tous ses paroissiens. »

De son côté, le bienveillant curé avait favorablement apprécié cette population. Bien
longtemps après l'avoir quittée, il me disait :
« J'aimais ces braves gens de Gurgy ; ils
étaient simples et modestes et avaient cette
délicatesse de procédés, cette élévation de
sentiments qui se trouvent toujours au fond
des cœurs pénétrés par la foi religieuse. »

III

Moins d'un an s'était écoulé, qu'une effroyable épidémie typhoïde s'abattit sur la
paroisse. Un jeune homme l'apporta de
Châtillon-sur-Seine ; il la communiqua à ses
deux frères, qui succombèrent les premiers.
C'était au commencement de 1837. La maladie se répandit avec rapidité, faisant de
nombreuses victimes.

La partie du village appelée le *Bourg* eut
à la fois jusqu'à soixante-dix malades. L'effroi était partout, dans la population et les
lieux d'alentour. On cessa de sonner les clo-

ches pour les enterrements; les habitants des pays voisins n'osaient plus pénétrer sur le territoire de Gurgy. Une partie de la jeunesse fut emportée par l'opiniâtre fléau; cent quatre-vingts personnes furent atteintes. Le mal ne disparut qu'à la fin de l'été.

Le jeune curé se montra tout ce qu'il devait être, oublieux de lui-même, intrépide devant le danger, infatigable sur ce terrible champ de bataille, à la dévotion de tous et le jour et la nuit, visitant les malades, les soignant de ses mains, relevant les courages, prodiguant les consolations, administrant les derniers sacrements, priant et pleurant sur les morts et avec ceux qui survivaient. Par une complication malheureuse, deux personnes qui habitaient avec lui le presbytère, son frère et sa domestique, furent atteintes à leur tour.

Il sut en se prodiguant suffire à tout. Mais ses fatigues furent extrêmes; et s'il ne succomba pas, il n'est pas téméraire de penser qu'il prit là le germe de maladies qui ont fait de sa vie un long martyr.

Il existe encore à Gurgy de nombreux témoins qui aiment à raconter son héroïque
dévouement, sa générosité entière, ses secours en argent, en linge, en médicaments,
en aliments, etc.

La fin de l'épidémie vit la fin de ses ressources personnelles ; il ne lui restait ni linge,
ni un écu, ni provisions d'aucune sorte.
Quand l'hiver fut venu, il coupait lui-même
les branches mortes des arbres nombreux
du jardin pour réchauffer son petit foyer,
alors que le froid était trop rigoureux.

Cette population vraiment bonne se montra secourable aux malheureux malades,
malgré le danger; on s'offrait volontiers pour
veiller durant les nuits, et donner les soins
nécessaires. M. Garnier aimait à rappeler
dans la suite combien il avait été touché et
soutenu par ce sentiment chrétien de la fraternité. « C'était là, disait-il bien longtemps
après, de la grande charité, de l'héroïsme
simplement accompli. »

Les paroissiens de Gurgy professaient hautement une vertu qui se fait rare : ils savaient

être reconnaissants. Ils comprenaient ce que leur curé avait fait pour eux, et ils l'aimaient autant qu'il est possible d'aimer un ami, un bienfaiteur et un père. Mais ils sentaient d'instinct qu'il fallait à cet homme supérieur un champ plus vaste et plus digne de son zèle et de ses talents hors ligne.

L'annonce de son départ n'en fut pas moins le sujet d'un grand deuil et de profonds regrets, pour la paroisse tout entière qu'il dirigeait depuis deux ans (1).

(1) M. l'abbé Garnier a pu visiter une fois cette paroisse : il me racontait un jour les émotions qu'il avait éprouvées en revoyant ses anciens paroissiens de Gurgy, leur empressement à venir le saluer, la joie qui se manifestait sur leur visage.

Il parlait avec complaisance de Gurgy, sa première épouse paroissiale ; il m'indiquait les noms des familles chretiennes, des personnes pieuses, en notant les traits qui les caractérisaient. Je rappelle ici au hasard, au risque de les estropier, quelques noms cités par lui : Bergerot, qui valait un vicaire; Bourgeois, maire, toujours juste et bienveillant. (Il appelait son tout jeune fils : mon petit théologien. A sa visite d'adieu, il plaça sur ses genoux cet enfant candide et d'une intelligence précoce, l'encouragea en le bénissant, et fit promettre au père de lui faire faire ses études de latinité. Le petit théologien est aujourd'hui le très digne curé-doyen de Mirebeau). Jacquinot, Annette Lefort, Jean Frénois et sa sœur Fillette, Céline Royer et la pieuse Pauline, sacristines de l'église ; Marceline Laucat, la grande chanteuse du chapelet, etc., etc... J'oublie d'autres noms.

Ces souvenirs honorent ceux qu'ils concernent; j'aime à les rappeler comme une récompense. Ceux qui survivent n'oublieront pas devant Dieu celui qui a su leur garder cette amitié vieille de près d'un demi-siècle.

CHAPITRE IV

Gissey-sur-Ouche. — Organisation de la paroisse. — Actes de bienfaisance. — Croix de la Légion d'honneur. — Liberté d'enseignement. — Chaire de rhétorique. — M. le duc d'Harcourt. — Départ.

I

M. Garnier fut appelé à la cure de Gissey-sur-Ouche, le 6 juin 1838.

Ce poste offrait alors de grandes difficultés de circonstances. Il y fallait une direction prudente et habile. Ce motif dut déterminer le choix fait par l'administration diocésaine.

Les habitants de Gissey et de Barbirey comprirent bien vite qu'ils avaient un véritable prêtre, et s'attachèrent profondément à lui.

Ainsi qu'il l'avait fait à Gurgy, M. l'abbé Garnier se donna tout entier à ses paroissiens. Avec son esprit organisateur, il réglementa le personnel de l'Eglise, institua ou raviva les confréries, vivifia les catéchismes trop négligés, habitua les fidèles à une tenue irréprochable dans la maison de Dieu, et restaura convenablement l'église et le vieux presbytère. Il s'occupa plus particulièrement des âmes, sans dédaigner de prêter son appui aux affaires temporelles de ses paroissiens. Il devint bientôt le conseiller des familles, le conciliateur des différents, le juge des litiges, l'ami de tous. Sa parole exerçait une autorité souveraine.

II

Un jour, parcourant les bois d'alentour, il fut visiter une famille de bûcherons, que la maladie venait de jeter dans la plus profonde détresse; son cœur, facile à la compassion, s'émut d'une telle misère; il laissa dans la cabane tout ce que renfermait sa bourse. C'était un samedi. Le lendemain il monta en chaire, fit un tableau lamentable du spectacle qui avait attristé ses regards et son cœur, conjurant l'assemblée, au nom de Jésus-Christ, de prêter son appui à ces infortunés. Les larmes coulèrent de tous les yeux, et le soir la maison du curé fut encombrée de provisions généreusement offertes. Remerciant avec effusion ses bons paroissiens, il s'écria : heureux le prêtre qui, après un appel à la charité, peut dire : c'est assez.

Que de bénédictions et de bonheur retentirent dans la cabane du bûcheron !

On se rappelle l'effroyable tremblement de terre de la Guadeloupe, qui fit tant de victimes, et attrista l'Europe. Des quêtes furent partout organisées ; sous l'ardente parole de son curé, la paroisse de Gissey se montra entre toutes prodigue de générosité.

Son obligeance et son dévouement ne connaissaient pas de limite : un pauvre manœuvre eut le bras broyé dans un engrenage, M. le curé envoie en toute hâte chercher un médecin ; et pendant la douloureuse opération, il est au côté du malade qu'il soutient lui-même et console. « Vos paroles,

Monsieur le curé, ont agi plus heureusement que le chloroforme sur le patient, disait l'opérateur.

Le bon curé se constitua le protecteur de la femme et des enfants.

Pour faciliter l'accomplissement des devoirs religieux à ses chers paroissiens, il se transportait à l'Eglise de Gissey et de Barbirey, dès les quatre heures du matin. A certains jours, il s'enfermait dans son confessional, et y demeurait à jeun jusqu'à deux ou trois heures de l'après-midi, ne renvoyant jamais personne au lendemain.

A la suite de ces excès, sa santé reçut de profondes atteintes. Des crises se produisirent qui firent craindre pour sa vie. Son père, qui avait pour lui une particulière affection, s'était constitué son garde-malade ; quand fut venue la convalescence, il avait à lutter pour empêcher toute imprudence ; le prêtre dominant le fils était rétif à l'obéissance et voulait trop vite reprendre l'exercice de ses fonctions pastorales ; et quand il devait s'éloigner un instant, le père alors fermait solidement la porte du malade pour l'empêcher de sortir. Un jour, qu'il était ainsi prisonnier, M. le curé entend de sa chambre, qui était au premier étage, qu'un de ses paroissiens est mourant. Il s'agissait d'un vieux soldat de l'empire qui, par les exhortations de son cher curé, était revenu à l'obéissance fidèle de la consigne religieuse. Le prisonnier n'hésite pas : à l'aide des draps de son lit, il descend par la fenêtre et, appuyé sur son bâton, il chemine tranquillement vers Barbirey, où une âme l'attend avant d'aller à Dieu. Le bon père Dorey l'accueille avec un indicible bonheur. Au moment de la séparation, il se fait apporter sa décoration de la Légion d'honneur et, la présentant à M. l'abbé Garnier : « Voici ma croix, lui dit-il, je vous la donne ; nul ne la mérite autant que vous. » Les enfants insistèrent avec leur père, et la croix encadrée eut une place d'honneur dans la maison du prêtre et de l'ami (1).

(1) A la mort de M. l'abbé Garnier, cette croix d'honneur a été renvoyée à la famille Dorey, de Barbirey, qui la conservera comme un pieux héritage et un témoignage de la bravoure et de la piété de ce digne père.

III

Je ne puis passer ici sous silence une question d'une suprême importance pour la société civile comme pour l'avenir de la religion en France, et qui occupait alors tous les esprits. Je veux parler de la liberté d'enseignement (1). M. l'abbé Garnier se trouva mêlé à cette lutte par une active coopération.

Dans les dernières années de la Restauration, le libéralisme révolutionnaire avait profité des faiblesses et des fautes du pouvoir, et avait pris un redoutable empire. L'influence de quelques hauts dignitaires du clergé dans les régions gouvernementales

(1) M. Guizot a défini ainsi la liberté de l'enseignement : « L'établissement libre, et la libre concurrence des écoles, « des maîtres et des méthodes. Elle exclut tout monopole et « *tout privilége*, avoué ou déguisé. Si des garanties préala- « bles sont exigées des hommes qui se vouent à l'enseigne- « ment, ainsi que cela se pratique pour ceux qui se vouent « au barreau et à la médecine, elles doivent être les mêmes « pour tous....,

« Le droit d'inspection, sur tous les établissements d'ins- « truction, appartient à la puissance publique, dans l'*intérêt* « *de l'ordre et de la moralité*.....

« Là où le principe de la liberté d'enseignement est admis, « il doit être loyalement mis en pratique, sans effort ni sub- « terfuge pour donner et retenir tout à la fois. »

était devenue le point de mire de toutes les attaques. Les chefs du mouvement, à la fois libéral et irréligieux, réimprimèrent les œuvres de Voltaire, de Rousseau, de Diderot, reléguées dans le mépris ; des journaux quotidiens et périodiques furent fondés dans le même but ; des professeurs habiles et considérables imprimaient, du haut des chaires de la Sorbonne, une impulsion trop bien suivie dans les colléges de l'université. On citait de la part de certains jeunes élèves dans les colléges, des faits effroyables de sacrilége impiété.

C'est sous le souffle de ce libéralisme menaçant que le ministère se crut obligé de rendre les funestes ordonnances de juin 1828, détruisant les colléges catholiques et enchaînant la liberté des séminaires.

D'énergiques protestations éclatèrent dans les divers partis qui se partageaient les esprits en France ; les amis sincères de la liberté, les vrais libéraux, ne crièrent pas moins haut que les catholiques et le clergé, à tel point que les pères de la révolution de 1830, incertains du succès de leur coup de main, jugèrent habile d'introduire la liberté d'enseignement dans les promesses de la charte nouvelle. Ils espéraient par là se faire des partisans, tout au moins écarter ou diminuer les oppositions.

Mais quand la royauté des 221 députés fut installée aux Tuileries; quand le gouvernement sorti de la révolution de Juillet se fut assis et commença à dominer la situation; quand les lois constitutionnelles qui devaient affermir le pouvoir nouveau eurent été proclamées, les représentants de l'Université et les membres du gouvernement, généralement hostiles, tout au moins en défiance contre l'Eglise, s'aperçurent que la liberté promise de l'enseignement créerait une redoutable concurrence aux établissements de l'Etat, qu'elle serait surtout profitable au catholicisme et au clergé, et alors ils s'appliquèrent à l'écarter en l'ajournant sans cesse.

Cependant le catholicisme avait repris dans la société une place incontestée; ainsi qu'il arrive toujours, la persécution dirigée contre lui avait gagné à sa cause les cœurs élevés, et lui avait donné sur les âmes une grande puissance. Il comptait dans son clergé et parmi ses fidèles de brillants esprits, de puissants orateurs et des écrivains de premier ordre. En l'écartant de toute immixtion à la politique, la révolution de Juillet lui avait ménagé, sans le vouloir, une heureuse indépendance ; il s'y engageait de plus en plus, ravivant des questions qu'on avait crues éteintes, et appelant à son aide l'alliance de l'esprit religieux et de l'esprit de liberté.

Quand le journal l'*Avenir* eut sombré dans de téméraires hardiesses, d'autres journaux firent de courageuses revendications. L'*Univers* et bientôt le *Correspondant*, inspirés alors par les mêmes idées et les mêmes hommes, réclamèrent, ainsi que d'autres journaux, avec une ardeur efficace, la liberté d'enseignement au nom du droit des familles, du droit de l'Eglise et du droit de la charte.

Des orateurs peu nombreux mais puissants défendaient dans les deux Chambres les droits des catholiques.

Les brochures sur cette grave question succédaient aux brochures.

Des procès, même des procès perdus, rendaient cette cause de plus en plus populaire et passionnaient les esprits pour la liberté.

La voix des Lacordaire, des Montalembert, des L. Veuillot, des Ozanam, des Lenormand, des Riancey, des Foisset, des Comballot, etc., trouvait partout des échos parmi les catholiques français.

« Nous avions contre nous, écrivait Monta-
« lembert, tout ce qu'il y a de puissant, d'in-
« fluent, de populaire dans le pays, la grande
« majorité des deux Chambres, les quatre-
« vingt-dix-neuf centièmes des journaux,
« tous les tribunaux, y compris le conseil
« d'Etat, tous les corps savants, y compris
« le collége de France, les intrigues de la
« diplomatie à Rome, l'orgueil de la fausse
« science, à Paris tous les hommes d'Etat,
« tous les penseurs, tous les sophistes, tous
« les légistes. Et cependant nous n'avons
« pas été vaincus ! »

Le pétitionnement fut organisé sur tous les points de la France.

M. l'abbé Garnier eut sa place dans cette vaillante mêlée; avec sa haute intelligence et sa foi ardente, il avait des premiers compris l'importance de cette question capitale. Il s'appliqua à recueillir et à faire recueillir dans la contrée qu'il habitait les vœux des pères de familles. Il envoya à la fois jusqu'à quatorze pétitions aux deux Chambres françaises. Pendant ces années de lutte, de 1836 à 1847, toutes nos correspondances eurent surtout pour but de soutenir ce mouvement d'intérêt religieux, pour lequel nous combattions également dans divers journaux.

Les organes de l'Université et du gouvernement se récrièrent contre les vives persistances de ce qu'on appelait alors le parti catholique.

Quatre projets pour la législation de l'enseignement furent présentés, sans que les passions de la gauche, protectrice de l'Université, soient parvenues à faire passer à l'état de loi la confiscation de la liberté.

Plus tard, après la loi de 1850, M. Guizot, le plus sincèrement libéral des ministres de l'instruction publique, reconnaît dans ses mémoires « qu'il y avait dans le système et l'état de l'université, soit pour les libéraux, soit pour les catholiques, des *motifs sérieux et naturels d'hostilité et de lutte.* » Il va jusqu'à déclarer que dans un temps de publicité et de discussion, rien ne décrie plus un gouvernement que les promesses trompeuses et les mots menteurs.

Le gouvernement de l'Université était fondé sur ce principe absolu : « En matière « d'éducation, hors l'enceinte de la famille, « l'Etat est souverain ; dès que l'enfant par « son éducation fait un pas, hors des mains « de son père, il tombe dans les mains de « l'Etat. L'Etat seul a droit de faire élever « ceux que n'élèvent pas leurs propres pa- « rents, et nul ne peut sans l'autorisation « de l'Etat prendre lui-même, ni recevoir « des parents eux-mêmes cette mission. »

Un tel principe, ajoute M. Guizot, n'est autre que la dictature placée, en fait d'éducation, sur le seuil de la maison paternelle.

Or, sous un gouvernement constitutionnel, dans un régime de liberté, en présence de la liberté de conscience, de la liberté de discussion, de la liberté de profession, la dictature en matière d'enseignement, sous quelque forme qu'elle se présentât, ne pouvait ne pas susciter les vives réclamations des libéraux et des catholiques.

« Une seule solution, dit encore M. Gui
« zot, était bonne : renoncer complétement
« au principe de la souveraineté de l'Etat
« en matière d'instruction publique, et
« adopter franchement, avec toutes ses
« conséquences, celui de la libre concur
« rence entre l'Etat et ses rivaux, laïques
« ou ecclésiastiques, particuliers ou corpo
« rations. C'était la conduite à la fois la
« plus simple et la plus efficace. Elle rédui
« sait tous les adversaires de l'Université
« au silence en satisfaisant, d'un seul coup,
« à leur plus bruyante prétention, et, en
« même temps, elle leur imposait, pour
« rester en lice, de continuels efforts, car
« l'Etat restait maître de donner, à ses

« propres établissements d'instruction, tous
« les développements, tous les mérites que
« l'intérêt social ou le vœu public pouvait
« réclamer. »

V

Il n'a pas fallu moins de vingt années de combats, opiniâtrement soutenus, pour que les efforts des catholiques reçussent une satisfaction incomplète. L'Université s'est en effet réservée gratuitement de magnifiques établissements; ses professeurs et ses chefs reçoivent de l'Etat un riche traitement; on leur garantit une retraite; sans tenir compte des désirs des familles, le ministre de l'instruction publique donne exclusivement à l'Université la clientèle de tous les boursiers de l'Etat, des départements et des communes; et la loi l'a laissée seule juge et seule tributaire des élèves des écoles catholiques dans l'obtention des diplômes du baccalauréat, de la licence et du doctorat, et pour les lettres et pour les sciences; elle détient par là entre ses mains la clef de toutes les carrières libérales; elle est à la fois rivale et maîtresse

des établissements particuliers. « C'est là,
dit M. Guizot, une faveur despotique. »

Malgré la disproportion des moyens, à
force de désintéressement, de sacrifices, d'efforts et de dévouement religieux, les colléges
catholiques n'en ont pas moins obtenu un
succès manifeste, éclatant.

Alors que jeunes encore nous luttions
pour cette grande et sainte cause, deux
graves objections étaient faites à l'Université : on l'accusait de despotisme et d'irréligion ; on n'avait pas confiance dans les principes religieux d'un grand nombre de ses
maîtres ; on voulait des établissements dans
lesquels la religion et l'éducation fussent
étroitement unies ; c'est surtout à ce point
de vue que les pères de famille revendi-
quaient leur droit de choisir les maîtres de
leurs enfants.

Aujourd'hui le despotisme n'est pas absolu
comme alors, mais, malgré notre profonde
estime pour un grand nombre de membres
savants et respectables de l'Université, il
est incontestable que la libre-pensée a une

trop large place dans le corps universitaire; un certain nombre de professeurs laissent trop percer leur incroyance religieuse, et troublent le recueillement nécessaire à un enseignement sérieux, en soufflant dans les têtes inexpérimentées des jeunes gens un esprit de liberté, d'indépendance et d'irréligion qui nuit infailliblement aux fortes études et à la bonne discipline, sans parler du danger qu'il entraîne pour les âmes. Si l'enseignement scientifique se soutient dans les lycées, en général, ce qu'on appelle proprement l'*éducation*, laisse tout à désirer.

C'est par là, par la bonne éducation, par l'amour du devoir, par l'enseignement du respect, du dévouement envers Dieu, la patrie, la famille, que les colléges catholiques auront toujours une supériorité qu'il serait inutile de contester. Aussi, à mesure que ces maisons sont plus connues, que la comparaison se fait, les familles même peu chrétiennes y envoient de préférence leurs enfants.

Il ne faut pas chercher ailleurs que dans

ce succès toujours croissant, le secret de ce déchaînement furibond de la presse universitaire et irréligieuse contre l'enseignement congréganiste à tous les degrés, et dont le journal le *XIXe Siècle* est l'organe le plus violent et quasi officiel (1).

(1) Un rapport officiel sur la situation de l'enseignement secondaire en France, de 1865 à 1875, vient d'être publié par le ministère de l'instruction publique.

On y trouve les détails suivants:

Pendant cette période décennale, malgré la perte de Metz, de Strasbourg et de Colmar, les lycées ont été portés à 86, au lieu de 77. Le nombre des élèves des lycées et colléges communaux s'est accru de 13,000. Il importe de noter que l'enseignement primaire et spécial a été établi dans ces maisons.

Le rapport de 1865, par M. Duruy, constatait que, dans les onze années précédentes, à savoir de 1854 à 1865, il avait disparu 168 maisons laïques d'instruction secondaire. Il avait été fondé 22 nouvelles maisons ecclésiastiques.

Ce mouvement n'a fait que se développer dans la période suivante. De 1865 à 1876, 163 établissements laïques ont succombé, et il y a en plus 31 maisons ecclésiastiques.

Il vaut la peine de décomposer ce fait général.

Le nombre total des élèves de l'instruction secondaire *libre*, en 1865, était de 43,000 dans les maisons laïques (23,000 internes, 20,000 externes), et de 35,000 environ dans les maisons ecclésiastiques (23,549 internes, 11,348 externes).

En 1876, il est de 31, 249 dans les maisons laïques (16,870 internes, 14,379 externes), et de 46,816 dans les maisons ecclésiastiques (33,092 internes, 13,724 externes).

L'enseignement laïque libre a donc perdu 11,750 élèves; l'enseignement ecclésiastique en a gagné 11,916; on voit que les deux chiffres rapprochés fournissent une contre-épreuve décisive.

Si donc la situation de l'enseignement secondaire en France, prise dans l'ensemble est satisfaisante, il en est tout autrement de l'instruction laïque libre. Ici, on peut apprécier tout à l'aise les effets de la loi du 15 mars 1850.

Le nombre des établissements laïques est tombé, dans les dix dernières années, de 657 à 494 ; celui des maisons ecclé-

Les brillants succès des colléges catholiques dans les concours aux écoles supérieu-

siastiques s'est élevé de 278 à 309, et les 11,000 élèves perdus par les premiers sont allés aux seconds. En 1865, il y avait 70 établissements diocésains ; en 1876, il y en a 91. Les congrégations religieuses en avaient 43 en 1865, peuplés d'environ 9,500 élèves ; en 1876, elles en ont 89, c'est-à-dire le double, avec une population double.

Il n'est pas tenu compte ici des petits séminaires qui comptent 30,000 élèves.

Le *Temps*, journal protestant, très hostile au catholicisme, a publié ces renseignements ; il les fait suivre des questions suivantes à l'adresse du ministre de l'instruction publique : « Pourquoi M. le Ministre ne dit-il pas quels progrès réels se « sont accomplis dans l'*éducation* de notre jeunesse univer- « sitaire ? Montre-t-elle plus d'amour pour la science, plus « de goût pour l'étude ? Que vaut la moyenne des devoirs ? « *quels résultats* donne la discipline intérieure ? Pourquoi ne « pas donner ces précieuses indications ? » Ce silence sur le côté moral de l'éducation universitaire peut faire naître des réflexions peu favorables.

Depuis 1875, de nouvelles maisons catholiques d'éducation se sont fondées, et le nombre des élèves confiés à l'enseignement religieux s'est notablement accru.

En résumé, dit le *Journal officiel* du 15 septembre 1878, 76,816 élèves fréquentent les établissements ecclésiastiques ; les colléges de l'État n'en possèdent que 75,200. — 108.065 élèves sont instruits dans les colléges libres et les petits séminaires. On peut ajouter les enfants instruits chez leurs parents. La conclusion est facile à tirer, tant au point de vue de la confiance des familles que dans l'intérèt des finances de l'État.

Cette prospérité croissante des établissements ecclésiastiques démontre que les efforts dépensés pour la liberté d'enseignement répondaient à un besoin réel, et prouve que la majorité des familles réclame pour ses enfants le bénéfice d'une instruction religieuse. Elle prouve encore par l'argument incontestable des chiffres que la France ne va pas à l'anti-cléricalisme, ainsi que le répète la presse irréligieuse de nos jours ; et il est permis de dire que le projet de ruiner l'enseignement religieux n'est que le rêve d'une minorité persécutrice cherchant à écraser sous la plus odieuse des tyrannies la majorité croyante de la France.

res de l'État, démontrent la solidité et la force des études qu'on y reçoit.

VI

Par suite du départ de M. l'abbé Foisset et les troubles du diocèse, une sorte de désorganisation s'était produite au petit séminaire : l'inexpérience et la caducité des supérieurs avaient laissé l'enseignement sans direction et sans unité ; les professeurs, tous nouveaux et improvisés, avaient apporté une bonne volonté qui ne saurait suffire seule. Les études perdaient de cet éclat qui avait été remarqué partout dans la France entière.

L'administration diocésaine entendit les murmures qui s'élevaient de toute part, et comprit qu'il était besoin de modifier un pareil état de choses. C'était durant l'année scolaire 1836. Le supérieur, M. Donet, vieillard vénérable, mais peu versé dans l'enseignement de la jeunesse et usé par les années, fut nommé chanoine. Un vicaire de la cathédrale, jeune encore, plein d'intelligence, d'activité et d'avenir, esprit ferme et organisateur, fut chargé du difficile fardeau de rétablir la discipline et l'élan au séminaire diocésain. Il accepta résolument; se mit à l'œuvre avec sa naturelle ardeur, et s'appliqua tout d'abord à reconstituer le corps des professeurs.

M. l'abbé Michaud connaissait la valeur de M. Garnier, son goût pour l'étude, ses connaissances littéraires; il lui offrit la chaire de rhétorique, et lui fit les plus honorables instances.

M. l'abbé Garnier ne crut pas devoir accepter les propositions qui lui furent faites. Il préféra rester dans sa modeste cure de campagne, au milieu de ses villageois dévoués.

Et pourtant il aimait l'enseignement et s'intéressait grandement à la jeunesse. Pour donner satisfaction à ce goût, à ses heures de loisirs, et utiliser son ardente activité, il avait chez lui quelques jeunes gens à qui il faisait faire leurs études secondaires.

VII

M. le duc d'Harcourt, pair de France, notre ambassadeur en Espagne, puis à Rome,
le défenseur éloquent à la chambre haute de
la nationalité Polonaise, esprit chevaleresque, l'un des derniers et des plus illustres
représentants de l'ancienne noblesse française, possédait à Gissey un petit manoir,
charmant rendez-vous de chasse, au milieu
des montagnes boisées de cette contrée.

M. le duc d'Harcourt aimait cette solitude
silencieuse. Dès que les devoirs de ses charges lui en laissaient la liberté, il venait s'y
reposer, loin des grandeurs et du bruit, se
complaisant, jusqu'à un âge avancé, à parcourir, chasseur infatigable, ses forêts et le
beau vallon de l'Ouche.

Avec sa rare perspicacité, il eut bien vite
compris la supériorité du jeune prêtre que la
providence lui envoyait. Il était subjugué
(et il aimait à le dire) par la puissance du
raisonnement, la solidité de la doctrine, et

par la parole sobre, élégante et vraiment éloquente qui descendait de la chaire d'un obscur village. Bientôt les relations d'une véritable et tendre amitié, basée sur une grande et mutuelle estime, s'établirent entre ces deux hommes remarquables, si bien faits l'un pour l'autre : deux belles intelligences et deux grands cœurs !

Pendant ses apparitions au manoir de Gissey, qu'il affectionnait, M. le duc d'Harcourt, à la suite de ses entretiens avec son curé, se rapprocha plus près de Dieu.

Les occupations du pair de France et de l'ambassadeur ne ralentirent jamais les relations pleines de délicatesse et de charme entre les deux amis.

Quand M. Garnier eut quitté Gissey, les rapports établis demeurèrent intacts. Une correspondance pleine d'intérêt et de délicatesse se continua jusqu'à ce que la mort vint la briser.

M. le duc d'Harcourt goûtait peu le régime impérial ; il considérait l'attitude de l'empereur envers les gouvernements d'Italie, et surtout envers le pape, comme une honte pour la France et une politique qui devait nécessairement attirer les catastrophes sur notre pays. Il quitta l'ambassade de Rome, parce qu'il n'y était pas soutenu et qu'on voulait lui imposer une politique qui répugnait à son patriotisme français comme à sa conscience de catholique. J'ai entre les mains des lettres qui témoignent de ces sentiments.

Le célèbre homme d'Etat parlait un jour avec grand éloge de M. l'abbé Garnier, témoignant de son admiration pour sa haute intelligence, pour ses connaissances variées, son dévouement à l'église, l'éclat de sa conversation, pour sa juste et sage appréciation des temps où nous vivons. Puis, s'arrêtant un instant, il ajouta : « Les hommes de cette valeur honorent l'épiscopat ; sa place était à la tête d'un diocèse ; malgré mon amour de la retraite, je regrette de n'avoir plus aucun crédit. Mais aujourd'hui mon influence ne suffirait pas à faire nommer un garde champêtre... »

M. le duc d'Harcourt portait un des plus grands noms de l'Europe ; c'était un lourd héritage dans un temps de démocratie comme le nôtre, et il le portait comme s'il l'eût créé. C'était une nature généreuse, élevée, une intelligence des plus distinguées, d'une grande finesse d'esprit, et de cette bonté à la fois pleine de grandeur et de simplicité qu'on ne rencontre guère que dans la demeure des grands seigneurs à peu près disparus.

M. l'abbé Garnier aimait à parler avec une affection enthousiaste des délicatesses et des hautes qualités de cet homme de bien, dans l'intimité duquel il avait vécu, et qu'il connaissait mieux que personne.

Leur correspondance suivie, toute parfumée de sentiments affectueux, touchait à tous les principaux événements de la politique de la France et de l'Europe (1). Parmi

(1) Je donne ici quelques extraits des lettres de M. d'Harcourt qui marquent le caractère des relations des deux amis.

Gissey, 19 décembre 1850.

MON CHER MONSIEUR LE CURÉ,

J'apprends à ma bien grande satisfaction que vous voulez bien vous souvenir de moi, et que vous acceptez mon invitation de venir me visiter dans ma solitude de Gissey.

les nombreuses lettres de M. d'Harcourt, que j'ai sous les yeux, il en est peu où il ne soit question de Rome et de Pie IX, dont il possédait l'estime et l'amitié, que lui-même affectionnait singulièrement, et qu'il avait

Je me fais un grand plaisir de vous revoir. Votre chambre reste ici toujours prête. Seulement veuillez me prévenir de votre arrivée, afin que je ne sois pas comme les vierges folles qui avaient laissé éteindre leurs lampes, car je vais quelquefois à Dijon et à Grosbois.

Je regrette souvent votre départ de Gissey.....

Je serai heureux de vous revoir avant que nous n'ayons de nouvelles catastrophes, et de vous assurer de nouveau de mes sentiments de vive amitié pour vous.

HARCOURT.

Rome, 23 juillet 1851.

..... Je n'avais pas un extrême désir de venir ici. L'espoir de contribuer à un sage affranchissement de l'Italie et de prêter mon appui à l'autorité menacée du Souverain Pontife, m'y a seul décidé.

La tâche n'est pas facile. Ici comme ailleurs, il y a de grandes divisions de partis, et, comme il arrive presque toujours, les partis tendent à l'exagération et aux extrêmes.....

Le parti séculier voudrait enlever toute autorité temporelle au Pape et en faire simplement l'Evêque de Rome..... Notre excellent Pape est souvent bien contristé, au milieu de tous ces tiraillements... C'est la bonté, la douceur et la vertu même... Il trouve bien des obstacles pour faire prévaloir ses bonnes intentions, et calmer des exigences menaçantes...

Malgré mon éloignement, je n'ai pas perdu le souvenir des bons rapports que nous avons eus ensemble; j'espère que la providence n'a pas voulu qu'ils fussent rompus tout-à-fait. Pour mon compte, j'ai le projet de n'être pas trop longtemps

eu le bonheur, ainsi qu'il le dit, de délivrer
des mains des Philistins. On sait que c'est
M. d'Harcourt, alors ambassadeur à Rome,
qui organisa la retraite du pape à Gaëte, et
sut, par son habileté et sa ferme attitude,

sans revoir la Bourgogne, et sans vous visiter... Je sens aussi
le besoin de mettre un intervalle entre la vie et la mort.

Croyez, etc...

HARCOURT.

Paris, 2 août.

MON CHER MONSIEUR LE CURÉ,

Je vous remercie du bon vouloir que vous montrez pour
moi, en me promettant de venir vous reposer sous mon toit.
Votre présence lui portera bonheur; il y a donc une sorte
d'égoïsme de ma part à vous y inviter... Votre affection ne
tombe pas en terre ingrate.

Notre situation politique est un peu plus calme, la confiance voudrait renaître, mais nous avons toujours suspendu
sur la tête l'inconnu de 1852, qui comprime tous les développements. Je crains bien que la sublime invention du suffrage
universel, ne soit l'acte d'accusation le plus grave qui sera
porté contre notre siècle.

C'est une belle chimère sur le papier, mais c'est aussi une
grande fatuité de confier un pouvoir sans contrôle et sans limite à la partie la plus ignorante d'une nation aussi légère
que la nôtre. C'est même un contre-sens pour des gens qui
semblent mettre tant de prix à l'instruction.....

Vous savez mes sentiments pour vous.

HARCOURT.

arracher à la révolution Pie IX, prisonnier dans son palais, envahi par les sicaires de la démagogie italienne, qui venaient d'assassiner son ministre, M. Rossi.

Les relations si étroites entre M. d'Harcourt et M. Garnier étaient tellement con-

Gissey, 30 *décembre* 1851.

CHER MONSIEUR LE CURÉ,

« Puisque vous voulez bien y attacher quelque importance, je vous envoie le portrait que vous avez bien voulu me demander, quoiqu'il soit chose de peu de mérite. Je vous remercie du sentiment pour l'original, et suis toujours charmé de faire quelque chose qui vous soit agréable. Je viens de donner ma démission des affaires de Rome. J'ai été assez heureux pour rendre quelques services au saint Père. J'en reste là. Le vent n'est pas bon du côté de la France ; il n'y a plus que des mécomptes à essuyer ; je laisse la fonction à de plus habiles.

Je reçois du saint Père une lettre fort gracieuse ; il me dit qu'il rentrera à Rome aussitôt que quelques mesures financières, dont il attend le résultat, lui donneront le moyen de soulager les misères de sa capitale.

Pourquoi faut-il que la division se mette dans nos rangs, à l'occasion de la loi sur l'enseignement ? Il y a aujourd'hui un ennemi commun devant lequel toute division doit se taire, et en présence duquel il faut faire toutes les concessions compatibles avec la conscience.

Je me propose toujours d'aller passer une journée avec vous, mais je ne sais encore quand je pourrai accomplir cet agréable projet.

Mᵐᵉ d'Harcourt se rappelle à votre souvenir, et je vous renouvelle l'expression de ma vieille amitié. »

HARCOURT.

Je lis dans une autre lettre bien postérieure : Les affaires d'Ital... ne vont toujours en empirant. Je ne peux pas croire que les 200 m... illions de catholiques ne fassent dans l'avenir jus-

nues, que quand la mort enleva le noble duc à la France et à l'Eglise autant qu'à sa famille, les amis de M. le curé de Nuits lui firent des visites de condoléances, ou lui écrivirent pour lui témoigner la part qu'ils prenaient à sa douleur, comme s'il eût perdu un des siens.

(Voir appendice nᵒ 2.)

tice d'une pareille iniquité; les grandes puissances se couvrent de honte en la laissant commettre sous leurs yeux sans mot dire.

Si elles en sont elles-mêmes les victimes plus tard, elles ne trouveront pas beaucoup de gens pour les plaindre. Il est vrai que nous en souffrirons comme elles. »

Cette prophétie s'est trop bien réalisée.

———

Paris, 3 janvier.

Mon cher monsieur Garnier,

J'ai reçu votre lettre et suis reconnaissant de votre bon souvenir et de votre bonne amitié, qui trouve en moi toute réciprocité.

Je sens tout vieillir chez moi, mais j'espère que le cœur restera intact. Si Dieu ne nous laissait cette planche de consolation dans nos derniers jours, la vieillesse serait bien triste.

Je suis venu passer quelques jours à Paris pour dire adieu à mon fils Jean, qui, après avoir fait deux campagnes dans la mer blanche, vient de recevoir le commandement d'une batterie flottante qu'on appelle la *Dévastation*, et qui se trouve en ce moment à Kinburn. On dit que ce sont des machines formidables, mais où l'on court soi-même beaucoup de dangers. Ainsi sont faits les hommes.

Ma fille de Belgique, est venue aussi à Paris pour voir son frère au passage. Nous parlons souvent de vous, dont elle

Le portrait encadré de M. d'Harcourt resta au presbytère entouré d'un crêpe de deuil.

VII

Tout en s'occupant de l'intérêt général de l'Eglise, M. Garnier ne perdait pas un instant de vue sa chère paroisse de Gissey. Il s'était profondément attaché à ses parois-

conserve un bien bon souvenir. Vous avez gagné son esprit. Elle est bien occupée de l'éducation de son fils, et elle voudrait bien trouver pour lui quelqu'un qui vous ressemblât.

Je veux vous remercier de votre bonne visite et du temps que vous avez déjà dérobé en ma faveur à d'autres occupations qui valaient sûrement mieux que moi.

Quand vous voudrez recommencer cette bonne œuvre, vous êtes assuré d'avance de nous faire grand plaisir. Si Mgr l'Evêque et votre médecin partageaient nos désirs, cela arriverait souvent.

A mon âge, on n'est plus bon à grand'chose ; on a déjà de la peine à se supporter soi-même, à plus forte raison à être supporté des autres. Aussi les témoignages d'amitié sont-ils toujours bien reçus.

L'avenir de Rome me semble un peu sombre. Ces rigueurs contre les fonctionnaires qui font des quêtes pour le denier de Saint-Pierre, et contre les œuvres de charité de Saint-Vincent-de-Paul, témoignent d'un mauvais vouloir qui ne se contente pas de la force, mais qui y ajoute la ruse et la mauvaise foi. L'Eglise a subi bien d'autres attaques. Elle sortira de même triomphante de celles-ci.

Recevez les souhaits de votre bien affectionné,

HARCOURT

siens (1), il les visitait, il leur parlait en particulier comme en public du suprême intérêt de leurs âmes.

Depuis dix ans, il cultivait ce petit coin du champ de l'Eglise. Gissey était devenu une paroisse modèle. Pasteur et troupeau ne faisaient qu'un cœur et qu'une âme. C'était un père aimé au milieu d'une famille aimée. Son autorité était acceptée de tous avec pleine confiance et ses conseils religieusement accueillis (2).

(1) Quinze ans après avoir quitté Gissey, il racontait, encore attendri, qu'un jour (c'était la veille de Pâques), il avait passé quinze heures au confessionnal. Toute la paroisse avait été préparée pour la communion du lendemain. Vers le soir, en revenant de son annexe, il s'arrêta au point culminant d'où l'on peut voir les deux villages. Après avoir promené ses regards des deux côtés, sur les demeures de ses paroissiens, il tomba à genoux, remerciant Dieu qui avait accordé le pardon et la paix à toutes ces âmes qui lui étaient confiées, et qui allaient se trouver le lendemain réunies avec lui au même banquet eucharistique

(2) L'Eglise de Barbirey était très-pauvre et dépourvue d'ornements. Pour pourvoir à des besoins urgents, il annonça au prône que chaque dimanche il serait fait à la messe une quête en faveur de l'Eglise, sachant bien que tous, selon leurs ressources, voudraient faire une petite offrande. Ces gens étaient généreux, car ils étaient foncièrement chrétiens. Le dimanche suivant, où cette quête nouvelle avait lieu pour la première fois, le fabricien, M. Jean Dorey, le vieux soldat décoré dont il a été parlé plus haut, fait le tour de l'Eglise, sans que la moindre obole tombât dans sa coupe. De retour au chœur, le trésorier souffle à l'oreille de

Plusieurs fois, durant ces dix années, l'autorité diocésaine avait offert à M. Garnier des postes plus importants, mais sans les imposer. Le moment vint où elle dut insister, en faisant appel au dévouement de M. Garnier, qui s'inclina.

Quand son changement fut connu, il y eut à Gissey une universelle explosion de larmes et de regrets. Les prières les plus instantes furent portées à l'Evêché. Mais cette fois, le chef du diocèse qui avait besoin d'un ouvrier puissant pour un poste difficile dut demeurer inflexible.

Les années, en se succédant, ne purent jamais faire oublier à M. Garnier sa chère paroisse de Gissey. Dans ses causeries familières, il aimait à rappeler les jours qu'il y avait passés, le calme dont il y avait joui, les

M. le curé, à son siège pendant le *credo*, qu'il n'a absolument rien reçu. M. le curé se lève, et, s'adressant aux fidèles, leur dit à peu près ces paroles : « Mes frères, vous venez de faire à Jean Dorey, notre brave chevalier, un affront immérité ; je suis sûr que vous avez oublié la quête annoncée pour chaque dimanche. Les chantres vont recommencer le *credo*. Pendant ce temps, vous allez tous aller dans vos maisons chercher votre offrande, et Jean Dorey recommencera la quête. Chacun s'exécuta de bonne grâce, en toute simplicité. Jamais jusqu'à ce jour, quête n'avait été aussi fructueuse.

13

satisfactions qu'il y avait goutées, les fidèles affections qu'il y avait conservées.

Son cœur le poussait sans cesse de ce côté; mais par un sentiment de délicate réserve, il luttait contre cette attraction, dans la crainte de nuire à son successeur, qui seul avait besoin de la confiance publique.

CHAPITRE V

Nomination à Nuits. — Révolution de février 1848.

I

C'est le 6 janvier 1848 que M. l'abbé Garnier fut nommé curé de Nuits par Mgr François-Victor Rivet, évêque de Dijon. Cette nomination fut agréée par le Roi le 9 février suivant.

Mais pendant que l'ordonnance royale revenait de Paris, la révolution remportait une de ses grandes victoires.

Depuis dix-sept années le gouvernement de Louis-Philippe avait placé son unique point d'appui dans l'influence prépondérante de la bourgeoisie, à laquelle on donnait le nom de classes moyennes. Il se proclamait le fils et le gardien des principes de 1789.

Ce règne, sans grandeur morale, avait donné de l'essor à la prospérité matérielle du pays ; il comptait des hommes remarquables par leur science et par le talent oratoire. Mais les partis dissidents, loin de se rapprocher, et de se fondre dans le pouvoir régnant, ne firent que s'accentuer de plus en plus. Le gouvernement tenait en défiance le clergé qu'il jugeait peu favorable à la dynastie nouvelle. Il s'était aliéné les catholiques en leur refusant obstinément la liberté promise de l'enseignement, et en provoquant dans un ordre du jour célèbre la dissolution illégale des maisons religieuses.

Les légitimistes avaient reçu d'irrémédiables blessures.

Quoique de race révolutionnaire, Louis-Philippe d'Orléans, instruit à l'école de l'exil et de l'expérience, était modéré et habile. La difficulté de son rôle de prince parmi les démocrates et de démocrate parmi les princes, l'avait fait souple aux circonstances.

Une fois au suprême pouvoir, il ne sut pas toujours employer les moyens élevés pour s'y maintenir. Quelques actes de sa politique le firent descendre à une fausse habileté qu'on réprouve chez un particulier. Qu'était-ce donc dans un roi? Tel fut le déshonneur qu'il permit à ses ministres de jeter sur une princesse de sa maison : La duchesse de Berry, sa propre nièce, était venue lui disputer le trône pour son fils qu'elle tenait pour le seul légitime héritier de la couronne de France; il lui laissa enlever par ses ministres le voile de sa vie privée de femme. Que cet acte immoral ait été perpétré pour discréditer la guerre civile ou pour protéger son ambition personnelle, il provoqua dans toutes-les âmes délicates un mouvement de réprobation qui ne s'effaça plus, et qui plus tard se raviva énergiquement, quand dans la discussion de l'adresse, le ministère obtint que le mot de *flétrissure* fut appliqué aux députés légitimistes, parcequ'ils étaient allés manifester leur fidélité et leur respect au malheur, en visitant le prince exilé.

De leur côté les républicains qui avaient eu une bonne part dans la victoire de 1830, ayant vu leurs espérances déçues, n'avaient cessé de conspirer contre la nouvelle dynastie; des fanatiques avaient attenté plusieurs fois à la vie du roi, et ils avaient été vigoureusement frappés et dans leurs tentatives insurrectionnelles et dans les procès politiques qui avaient suivi.

Enfin les membres de l'opposition constitutionnelle, attachés encore au système monarchique, mais adversaires impatients du ministère, se consumaient depuis sept ans dans des luttes acerbes de tribune pour reconquérir le pouvoir. Les audaces de critique personnelle contre le roi semblaient acquérir une autorité d'opposition plus ruineuse en empruntant la voix de M. Thiers, ancien ministre et ancien ami de la royauté d'Orléans.

A la suite de ces groupes venaient d'audacieux rêveurs qui aspiraient à renverser le trône, à transformer la société, son organisation civile et domestique, aussi bien que ses institutions politiques, des socialistes, des communistes, tous ardents à lancer dans un avenir inconnu les passions avec les espérances populaires.

Le journalisme, écho quotidien de l'état du pays, exprimait le malaise de l'opinion. Des hommes de talent y parlaient au public, avec une audace contenue, accusant chaque jour le pouvoir, montrant le roi sacrifiant à l'étranger l'intérêt du pays à l'intérêt d'affermissement de sa dynastie, se faisant le vassal de l'Angleterre, et laissant la France stationnaire au milieu de l'agrandissement des peuples voisins...

Enfin la paix qui jusqu'alors avait été un bienfait de ce règne, venait d'être tout-à-coup compromise par le mariage ambitieux d'un fils du roi, le duc de Montpensier, avec l'héritière éventuelle de la couronne d'Espagne. L'Angleterre s'en montra fort irritée.

La désaffection contre le pouvoir était donc grande et l'opposition puissante.

II

M. Guizot, écrivain, philosophe, orateur éloquent, était le chef du ministère et l'homme du roi. Il avait une majorité immense et fidèle dans la chambre élective. La durée de son pouvoir se prolongeait trop au gré des ambitieux tenus à l'écart.

Une sorte de coalition tacite s'établit entre tous les partis hostiles, à la fin de la session de 1847. L'opposition demanda de nouveau la réforme parlementaire. Elle voulait éloigner de la chambre, par l'extension des incompatibilités, une partie des nombreux fonctionnaires publics, qui y siégeaient, toujours acquis au ministère, dont leur position dépendait ; elle voulait aussi y appeler des éléments nouveaux par l'extension du droit de suffrage, exclusivement réservé jusqu'alors aux trois cent mille électeurs les plus imposés du pays.

Impuissantes à la chambre, les oppositions appelèrent à leur aide l'agitation de la rue : aux débats de la tribune succédèrent les banquets politiques. L'initiative de cette agitation fut prise par l'opposition constitutionnelle, comme si l'impatience du pouvoir eût été dans ces hommes plus âpre et plus aveugle que la logique des républicains.

Ceux-ci comprirent bien vite la portée de cette mesure révolutionnaire, et s'y associèrent avec empressement, tout réjouis d'avoir pour auxiliaires les fondateurs eux-mêmes du trône de Juillet.

Cette campagne de banquets, commencée à Paris le 9 juillet 1847, se continua dans la plupart des départements ; elle tint la France dans un état de fièvre continue et trouva dans une notable partie des classes moyennes et du peuple une prompte adhésion.

A Dijon, à Chalon et ailleurs, MM. Ledru-Rollin et Flocon, marchaient résolument à la réforme radicale du gouvernement, prêchant la République, recrutant pour la révolution.

Le gouvernement, trop confiant dans sa majorité des deux chambres, laissa faire pendant plus de six mois, ces appels aux passions de la place publique.

III

A la rentrée des chambres, le XIIe arrondissement de Paris organisa un grand banquet où furent invités tous les pairs et les députés de l'opposition, des chefs de la garde nationale, et les rédacteurs des journaux hostiles. Après plusieurs tergiversations, le gouvernement refusa son autorisation et déclara qu'il s'opposerait par la force à cette réunion. A la Chambre, M. Odilon Barrot dépose alors une demande de mise en jugement du ministère toujours confiant. Au dehors, les sociétés secrètes réunissent leurs sections; tous les meneurs de la République convient les soldats de l'émeute; le 24 février 1848, l'agitation de la rue s'augmente, on pille les boutiques des armuriers, on désarme les postes isolés. Une foule d'émeutiers, conduits par Lagrange, se dirige devant le ministère des affaires étrangères, gardé par un bataillon de soldats, les armes chargées. Tout en s'abordant, un coup de feu retentit, on ne sait de quel côté ; les soldats se croyant attaqués tirent sur la foule qui tombe décimée. Des tombereaux tout attelés sont chargés de cadavres sanglants qu'on promène dans Paris pour allumer la fureur populaire, en poussant des cris rauques d'appel aux armes. Les barricades s'élèvent ; la garde nationale convoquée hésite ou se range du côté des émeutiers. L'armée tenue longtemps l'arme au bras s'épuise de fatigue et se démoralise. La fusillade retentit de toute part. L'inquiétude se fait enfin sentir aux Tuileries ; le roi, tiraillé par des décisions contraires, change trois fois de ministère. L'émeute, triomphante, arrive jusque sur la place du Carrousel ; le temps presse, l'abdication royale ne suffit plus. Louis-Philippe quitte son uniforme, monte péniblement avec la reine dans une simple voiture de place et prend la fuite. La duchesse d'Orléans, avec ses deux fils et le duc de Nemours, se rend à la chambre des députés, où règne un indescriptible tumulte, et où bientôt pénètrent les émeutiers ; les enfants séparés de leur mère sont renversés par la foule et ont peine à rejoindre leurs parents menacés; la régence est repoussée; une poignée de républicains de la Chambre, appuyés par les combattants qui ont envahi le palais législatif, après avoir pillé les Tuileries, nomme un gouvernement provisoire qui se rend à l'Hôtel-de-Ville, et s'impose à Paris et à la France surprise. La révolution est faite, la royauté disparue, la république proclamée. L'agitation se communique comme une traînée de poudre, de Paris dans tous les départements, où les républicains s'emparent de toutes les fonctions publiques.

L'Europe entière subit une secousse jusqu'alors inouïe. Chaque jour apporte la nouvelle d'un soulèvement dans l'une de ses capitales. La France, à la merci des vainqueurs menaçants, était dans l'effroi. Chacun se demandait, dans une anxiété croissante, ce que serait le lendemain.

IV

L'heure était peu propice pour quitter un village paisible et dévoué, tout-à-fait étranger aux agitations du moment, pour aller s'implanter dans une ville à l'esprit inflammable, travaillée par la révolution, où l'attention était bien plus aux événements politiques qu'aux choses de la religion.

M. l'abbé Garnier n'hésite pas. Au lieu de l'éloigner, les difficultés l'attiraient. Pourquoi, répondait-il, délaisser ces âmes à l'heure du danger? Pourquoi abandonner à un autre le fardeau, parce qu'il se présente plus lourd et plus dangereux? Suivant avec confiance la voie sûre de l'obéissance, il se rendit au poste que son chef lui avait assigné sur le champ de bataille de l'Eglise.

Il y fut installé le 12 mars 1848.

Il succédait à un prêtre, homme d'esprit et intelligent (1). M. l'abbé Sauvageot, pen-

(1) A la révolution de 1830, M. l'abbé Sauvageot était curé de Pontailler-sur-Saône. Les libéraux de l'époque aimaient

dant les courtes années de son administration, jeta les fondements d'œuvres paroissiales importantes ; par sa nature conciliante et sa grande bienveillance, il sut s'entourer de la faveur publique ; sa santé ne résista pas longtemps à sa tâche laborieuse ; il

à jouer au soldat : la garde nationale fut organisée partout, même à Pontailler. Le chef de l'armée citoyenne de ce petit bourg était imbu de l'esprit du moment ; il trouva spirituel de réunir ses soldats en blouse, le dimanche, à l'heure même de la messe, sur la place, devant l'église, pour les former au maniement des armes. Le bruit des fusils et la voix des officiers portaient le trouble dans l'office religieux. M. le Curé, usant du droit de légitime défense, donna ordre de sonner à toute volée, sans aucun répit, toutes les cloches de l'église. Le commandement militaire devint impossible. Le bon homme de commandant se rendit dans la soirée au presbytère : Je viens vous demander, M. le Curé, dit-il, de ne plus faire sonner vos cloches au moment de l'exercice de la garde nationale ; mes officiers ont beau pousser leur voix, il leur est impossible de se faire entendre de leurs hommes. — Le remède est facile, lui répond M. l'abbé Sauvageot, choisissez une autre heure ou un autre champ de manœuvres. Nous y gagnerons tous deux le silence qui nous est également nécessaire ; sinon je couvrirai le bruit de vos voix par le bruit moins gênant pour nous de nos cloches. La taquinerie irréligieuse cessa.

Vis-à-vis le presbytère de Pontailler habitait un pharmacien, bon homme au fond, mais facétieux libre-penseur. Un jour, faisant son déménagement, il arrête M. le Curé, et lui dit : Eh bien ! Monsieur, vous ne serez peut-être pas bien attristé de ne plus me voir vis-à-vis votre maison ; mais vous n'y perdrez rien, car j'installe ma pharmacie en face de l'é-

mourut jeune encore, à quarante-neuf ans,
après une longue et douloureuse maladie.

glise. — Oh ! lui répondit celui-ci d'une voix douce, que vous
soyez avec votre pharmacie ici ou ailleurs, la chose importe peu. En quelque lieu que je regarde votre demeure,
je n'y verrai jamais que de la *drogue*.

CHAPITRE VI

Organisation paroissiale. — Vol sacrilége à l'église. — Sa nomination au Conseil de surveillance de la colonie de Citeaux. — Assassinat de M. Arthur Marey.

I

A son arrivée à Nuits, M. l'abbé Garnier étudia la population qui lui était confiée ; il se mit au courant des habitudes paroissiales et para aux difficultés résultant de l'état général de la France.

Les Nuitons, à l'esprit vif et clairvoyant, eurent vite compris qu'ils possédaient un prêtre de haute valeur.

Le nouveau curé avait alors l'aspect d'une vigoureuse jeunesse : sa belle intelligence, fortifiée par les solides études auxquelles il s'était livré dans les loisirs plus grands de la campagne, était dans tout son éclat. Sa parole accentuée, souvent poétique, toujours pleine de pensées, fit une vive impression sur cet auditoire plus éclairé et plus littéraire. Il conquit bien vite les sympathies, je puis même dire, l'admiration de ses paroissiens.

L'ordre en tout était à ses yeux une grande économie de temps. Son exactitude était rigoureuse et tout-à-fait militaire ; il la communiqua ou l'imposa à son entourage, aux vicaires et à tout le personnel de l'Eglise. Chacun eut son règlement qu'il dut fidèlement observer ; tout était prévu, tout était réglé, sans la moindre lacune.

Son administration fut organisée dans tous ses détails avec sagesse et fermeté. Sauf de rares exceptions, il trouva dans ses vicaires, formés par ses soins et à ses exemples, des collaborateurs zélés. Il combina un plan d'instructions graduées qui composaient l'enseignement complet de la religion et ce plan fut rigoureusement suivi.

Il traça également les limites à parcourir

par les divers catéchismes dont nous parlerons plus loin, avec les développements en rapport avec l'importance de cette œuvre par excellence.

II

Durant son long ministère dans la paroisse de Nuits, de graves événements se sont succédé, comme pour mettre en relief les grandes qualités de ce prêtre éminent. On me saura gré d'en rapporter quelques-uns, qui pourront servir plus tard à l'histoire de cette ville, et constater les dévouements de ses habitants.

Moins de deux années s'étaient écoulées depuis son installation, quand un vol sacrilége eut lieu dans l'église Saint-Symphorien.

C'était dans la nuit du 13 au 14 février 1850. Des voleurs, que l'on suppose étrangers au catholicisme, brisèrent les serrures et pénétrèrent dans le lieu saint, forcèrent la porte du tabernacle, s'emparèrent des vases sacrés, et les hosties consacrées furent jetées au vent dans le cimetière et sur le chemin.

Quand au matin le sacristain (1) se rendit à l'Eglise, il en trouva la porte brisée ; ses yeux se portèrent sur le tabernacle resté ouvert ; il aperçut sur la voie publique la grande hostie de l'ostensoir disparu, la plaça dans une feuille de papier, la déposa sur l'autel, et, fondant en larmes, fut prévenir M. Garnier.

Un vigneron, allant à son travail, trouva plusieurs hosties dans les vignes qui avoisinent la *Fin-Blanche;* il les recueillit respectueusement dans son mouchoir et les porta à M. le Curé. Il était pâle et grandement ému. « J'ai trouvé ces hosties, dit-il, et bien que j'aie cessé de pratiquer ma religion presque depuis ma première communion, j'ai conservé la foi, et j'ai pensé que je ne faisais pas de mal en vous les rapportant moi-

(1) Le sacristain était alors M. Lavocat, homme éminemment chrétien et jouissant de l'estime de tous les habitants de Nuits.

même. » Malgré le bouleversement produit en lui par ce lamentable événement, M. le Curé le loua de son action et lui dit que Dieu l'en récompenserait et qu'il allait le bénir en son nom. Le vigneron s'agenouilla pieusement et reçut cette bénédiction.

M. l'abbé Garnier s'était rendu en toute hâte à l'église Saint-Symphorien, il se mit à rechercher les saintes hosties, il en trouva ça et là dans le cimetière. Le bruit de cet odieux sacrilége fut immédiatement répandu. Des fidèles accoururent à l'Eglise et virent le ministre de Jésus-Christ, la figure baignée de larmes, prosterné dans l'adoration et la douleur, aux lieux où avaient été jetées les hosties profanées.

Un rapport sur ce lamentable événement fut le jour même soumis à l'Evêque diocésain, et Monseigneur Rivet rendit immédiatement l'ordonnance que nous publions ici pour perpétuer l'horreur d'un pareil outrage contre le Dieu de l'Eucharistie.

ORDONNANCE

*Pour l'expiation d'un vol sacrilége, avec profana-
tion des saintes Hosties, dans l'église Saint-
Symphorien de Nuits.*

Art. 1er. — Aussitôt la réception de cette ordonnance, l'autel sera dépouillé de tous ses ornements,
croix, chandeliers, nappes... Le Tabernacle restera
ouvert pour constater l'absence des saintes Espèces
sous lesquelles Dieu a voulu demeurer parmi nous.
La lampe sera éteinte en signe de deuil.

Art. 2. — Jusqu'au moment de la Réparation
solennelle qui est due à N. S. J. C., outragé dans le
sacrement de son amour, on ne chantera aucun
office dans cette église. Les exercices du chapelet,
les enterrements, etc..., se feront sans aucun
chant; tout sera récité ou psalmodié. Les dimanches et fêtes qui pourraient se rencontrer dans
cet intervalle subiront cette loi; les Vêpres seront
psalmodiées comme celles du Vendredi-Saint.

Art. 3. — Après la Messe et après les Vêpres, on
récitera à deux chœurs et à genoux le Ps. *Miserere*
et le *Domine, non secundum,* avec le ℣. *Ostende*
et l'oraison *Gementes et dolentes.* (Pro Reparat.)

Les trois oraisons (Collecte, Secrète et Post comm.) *Pro Reparatione* seront ajoutées tous les jours, fêtes et dimanches, pendant tout le temps de cette expiation publique, aux oraisons des offices occurrents.

Art. 4. — Pendant tout ce temps, on ne sonnera point les cloches en volée, pour quoique ce soit, points du jour, offices, écoles... On tintera seulement.

Art. 5. — La messe sera célébrée, durant tout ce temps de deuil, à un autel latéral; le Saint-Sacrement pourra y être conservé dans un corporal. On ne donnera point la Bénédiction du S. Sacrement, lors même que le Bref l'autoriserait, dans cet intervalle d'interdiction.

Art. 6. — Chaque jour, après la messe, M. le curé s'agenouillera devant l'autel où il aura célébré, et récitera à haute voix (à 2 chœurs, s'il se peut) le *Miserere* avec le ℣. et l'oraison convenables.

Art. 7. — Le 2ᵉ dimanche de Carême, jour fixé pour la Réparation solennelle, après les Vêpres, qui seront psalmodiées, on parera l'autel. M. le curé montera en chaire pour faire l'Amende honorable à N. S. J. C. (Etole violette, cierge à la main.) Ensuite il prendra une étole blanche, se revêtira d'une chape de même couleur, et ira s'agenouiller devant l'autel où repose le Saint-Sacrement. Là, il entonnera le *Pange lingua*, qu'on continuera de chanter. Au *Tantum ergo*, M. le curé ouvrira le Tabernacle, en sortira le S. Sacrement, qu'il exposera sur l'autel et qu'il encensera. Il le prendra ensuite pour le reporter processionnellement au maître-autel, accompagné des confrères du S. Sacrement portant leurs cierges. Arrivé au maître-autel, il y déposera le S. Sacrement, l'encensera, dira le ℣. et l'oraison convenables; puis on chantera 3 fois *Adoremus*, et il donnera la bénédiction. La cérémonie sera terminée par le Ps. *Laudate*, pendant lequel on sonnera les cloches en volée.

Nous invitons les paroissiens à visiter l'église pendant ces jours d'expiation, et à multiplier leurs prières et leurs hommages pieux, afin de protester contre l'attentat sacrilége des impies profanateurs de la très-sainte Eucharistie. 40 jours d'indulgence sont accordés pour chaque visite et à tous les assistants à l'Amende honorable.

N. B. — Cette ordonnance, et la lettre qui l'accompagne, seront lues en chaire, au prône de la messse paroisiale, le dimanche qui suivra leur réception.

Donné à Dijon sous notre seing, notre sceau et le contre-seing du chanoine secrétaire - général de notre Evêché, le quatorzième jour du mois de février de l'an de grâce mille huit cent cinquante.

† FRANÇOIS,

Évêque de Dijon.

Bernard,

Chanoine, Secrétaire général de l'Évêché.

L'émotion produite par cet odieux attentat contre la sainte Eucharistie fut immense dans la population nuitonne. Les prières expiatoires, commandées par le chef du diocèse, furent pieusement suivies.

M. le Curé eut la pensée de provoquer une souscription publique, qui serait à la fois une protestation contre le crime accompli et un moyen de remplacer dignement les vases sacrés enlevés par une main sacrilége.

Il s'en ouvrit à quelques personnes. Les objections abondèrent.

Aucune quête n'avait encore été faite à Nuits pour les besoins du culte ; cette innovation trouverait-elle de l'écho ? Il pourrait échouer... son autorité déjà grande serait compromise, son influence diminuée...!

Au lieu de céder à cette prudence humaine, il fut se prosterner devant Jésus-Christ, dans son Tabernacle réparé, et le conjura de lui inspirer ce qu'il convenait de faire pour sa gloire. Il se releva affermi, et, plein de confiance en la pieuse générosité de ses paroissiens, il fit un appel pour cette œuvre réparatrice.

Les offrandes furent surabondantes. A la place de l'ostensoir volé, qui était en cuivre, on put acheter un ostensoir et un saint-ciboire décents et convenables.

Ce succès fut la pierre de touche qui démontra à M. l'abbé Garnier les trésors de charité renfermés dans le cœur de ses paroissiens. De là, les réparations du maître-autel de Saint-Symphorien, et les peintures et dorures de son beau rétable ; de là, l'établissement de ses verrières ; de là, la réparation de l'orgue ; de là, le projet, plus tard abandonné, de construire le clocher de Saint-Denis ; de là enfin, la monumentale église Notre-Dame au centre de la ville.

III

Vers cette époque, la colonie de Cîteaux, sous l'habile direction de M. l'abbé Rey, avait pris déjà un grand développement ; elle ne contenait pas moins de cinq cents jeunes pensionnaires.

Une loi de 1850 disposait qu'un conseil de surveillance serait établi auprès de toute colonie pénitentiaire et qu'un ecclésiastique, désigné par l'Évêque du diocèse, en ferait partie, ainsi qu'un délégué du préfet, du conseil général et du tribunal civil de l'arrondissement.

Le 16 juin 1851, Monseigneur l'Évêque de Dijon écrivait, à ce sujet, à M. le Curé de Nuits : « Je ne crois pouvoir mieux faire « que de vous confier la place réservée par « la loi à un ecclésiastique dans le Conseil « de surveillance de l'Œuvre de Cîteaux. « Votre dévouement à tout ce qui est bon et « utile m'est trop connu pour que je puisse « douter de la soumission avec laquelle « vous accepterez ces fonctions, ainsi que « du zèle et de la prudence avec lesquels « vous les remplirez. »

De son côté, M. de Bry, préfet de la Côte-d'Or, lui écrivait à la même époque : « Votre « amour du bien et votre dévouement aux « œuvres de charité me sont garants de votre « zèle et du concours empressé que vous

« apporterez à seconder M. l'abbé Rey
« dans sa difficile mais bien honorable
« mission. »

M. l'abbé Garnier trouva auprès des
membres de ce conseil de surveillance tous
les égards si bien dus à son caractère élevé
et à son talent reconnu ; ses idées, toujours
pratiques, y étaient accueillies avec faveur.

IV

Nous touchons à une époque douloureuse
pour la France, et à un acte néfaste que nous
voudrions pouvoir rayer de l'histoire de la
cité nuitonne. Mais nous devons le rappeler
comme un enseignement, et à cause du rôle
qu'y a rempli M. l'abbé Garnier.

L'effroi public produit par l'agitation de
1848 avait porté à la présidence de la République le prince Louis-Napoléon Bonaparte.

Inspiré par le même esprit, le pays avait
envoyé à l'Assemblée nationale une majorité
monarchique.

Le parti extrême de la révolution avait perdu le terrain conquis en février. Vainement il avait fait effort pour ressaisir le pouvoir dans les terribles journées de juin. Vaincu, mais non résigné, il préparait sa revanche dans les sociétés secrètes.

L'occasion ne se fit point attendre.

On touchait à l'époque fixée par la Constitution pour la nomination, à la présidence de la République, du successeur de Louis-Napoléon, élu pour trois ans et non rééligible.

L'hostilité était manifeste entre la majorité de la Chambre et le chef du pouvoir exécutif. De part et d'autre, on s'accusait de violence et de coups d'État prémédités. La France inquiète était dans l'attente.

Enfin, le 2 décembre 1851, au matin, Louis-Napoléon exécute son coup d'État : il fait arrêter les membres les plus influents de l'Asssemblée nationale, les chefs des sociétés secrètes et les commandants de barricades, gardés à vue depuis quinze jours par des agents invisibles.

Quand Paris se réveilla la révolution était accomplie.

Le lendemain, les représentants montagnards provoquent un mouvement insurrectionnel à Paris. La répression fut prompte et sanglante.

Les chefs révolutionnaires de Paris écrivirent aux sociétés secrètes, organisées dans quelques petites villes de province, que la capitale s'était soulevée en masse, que la victoire était certaine. Sur ces assurances, dans seize départements il y eut des tentatives d'insurrection; dans une vingtaine de petites villes, il se produisit de déplorables violences.

Le 5 décembre, l'agitation à Nuits devint menaçante. L'autorité s'installa en permanence à l'hôtel de ville ; la force armée était presque nulle. Vers le milieu de la nuit, un coup de feu retentit. Bientôt on rapportait à la mairie un cadavre dont la figure, déchirée et sanglante, était méconnaissable; à ses vêtements on finit par reconnaître le plus jeune fils de M. Félix Marey, l'homme le plus vénéré de la contrée.

Comment, à pareille heure, annoncer une pareille nouvelle à la famille? Qui aura le courage de s'en charger? Qui pourra remplir convenablement cette délicate et si douloureuse mission ?

La pensée de M. l'abbé Garnier se présenta immédiatement.

Des hommes en armes se rendirent au presbytère, éveillèrent M. le Curé et lui firent connaître le triste objet de leur visite.

M. l'abbé Garnier était un ami intime de l'honorable et infortunée famille Marey. Le cœur oppressé, la tristesse dans l'âme, comme un messager de douleur, il se mit immédiatement en route, absorbé dans la pensée de la mission qu'il allait remplir. Tout-à-coup il s'arrêta : laissons, dit-il, quelques heures encore ses pauvres parents dans l'ignorance de leur malheur et le repos du sommeil. Il alla s'agenouiller et prier auprès du cadavre. Il fut convenu qu'à six heures, un peu avant l'heure habituelle du lever, il se rendrait dans la maison Marey, et qu'une heure après, tandis qu'il y serait encore, on y apporterait le corps de la malheureuse victime.

On lui offrit des hommes en armes pour l'accompagner ; on craignait une attaque générale. Il refusa. Rentré chez lui, il passa le reste de la nuit dans la prière et la méditation.

A l'heure fixée, il entrait dans la chambre de M. Félix Marey étonné.

Son cœur à la fois si chaud et si tendre, pieusement inspiré, lui mit sur les lèvres d'admirables paroles : il prépara son ami à l'affreuse nouvelle, lui fit faire un acte de soumission à la volonté de Dieu, le prévint que son fils Arthur n'était pas rentré... que dans la soirée il avait été blessé... la blessure était grave... il fallait prier pour lui... et, dans la prière pleine de résignation que lui-même récitait tout haut, il demanda à Dieu miséricordieux d'admettre au repos éternel, au milieu des martyrs, l'âme de cette innocente victime... Le père, doucement amené à l'horrible réalité, s'inclina le cœur déchiré par la douleur, et trouva dans son âme chrétienne la force de répéter cette parole sacrée : « Que votre volonté soit faite, ô mon Dieu ! »

Malgré son courage, M. Félix Marey se jugea incapable d'annoncer lui-même, à la vénérable mère, le malheur qui les frappait dans leur fils. M. le curé en fut prié ; on l'introduisit auprès de cette femme admirable de vertus, déjà privée de la vue, et sa foi lui inspira des accents capables de faire accepter cette cruelle épreuve.

Au moment convenu, le corps de la victime fut apporté dans la maison paternelle. M. le curé le fit lui-même déposer dans le salon. Après avoir fait promettre aux membres de la famille réunie de se soumettre à ce qui serait réglé par lui, il les conduisit auprès de ce cher Arthur. Tous s'agenouillèrent autour du corps sanglant. Quand les larmes eurent coulé, qu'on put contenir les sanglots, M. le curé fit tout haut, au nom de tous, une prière pour l'âme du mort, et pour le misérable assassin, encore inconnu.

On apprit le lendemain que l'insurrection était anéantie à Paris. L'assassin de M. Arthur Marey fut arrêté et conduit à la prison de Beaune. C'était un malheureux menuisier, tout-à-fait inconnu de la famille Marey; il s'était laissé enrôler dans les sociétés secrètes, et était imbu de ce socialisme jaloux qui voulait, dans une nouvelle jacquerie, immoler tous ceux qui possèdent.

Il est juste de constater que le crime, si odieusement perpétré sur un homme jeune, doux, bienveillant, généreux, étranger à la politique, souleva l'indignation publique : ses obsèques furent une véritable protestation.

M. l'abbé Garnier continua ses consolations à la famille désolée de la victime. Mais il jugea que le coupable avait lui aussi droit à son intérêt pastoral. Il se transporta à Beaune, obtint que la prison lui fût ouverte pour y porter des paroles de commisération. Il parla avec une grande bonté et une grande douceur au coupable. Mais Rigault, l'assassin, s'enhardissant graduellement, se mit à préconiser ses doctrines socialistes, essayant de justifier son action criminelle. M. le curé, indigné, l'arrêta et, avec toute l'énergie dont il était si richement pourvu, il lui montra toute l'étendue de son crime, lui parla du châtiment mérité qui l'attendait et l'engagea à demander pardon à Dieu et aux hommes, au lieu de se livrer à d'odieuses forfanteries qui ne feraient qu'aggraver sa position.

L'audace du pauvre fanatisé tomba entièrement, il baissa la tête, une larme s'échappa de ses yeux, et il écouta plus favorablement les exhortations pieuses de l'homme de Dieu.

Il fut condamné à la déportation perpétuelle.

La famille Marey, héroïquement bonne et charitable, chargea l'excellent curé de remettre des secours à la famille indigente de son bourreau et au coupable lui-même, pour adoucir les austérités de la prison.

CHAPITRE VII

Epidémie de 1854. — Guerre de 1870. — Combats de Nuits. — Ambulance. — Léon Mesny de Boisseau. — Fondation pieuse.

I

C'est dans les circonstances difficiles et périlleuses que le dévouement du bon prêtre s'accentue avec plus d'éclat.

Avec son esprit élevé et son énergique nature, M. l'abbé Garnier, homme de cœur et de devoir, apparaissait toujours supérieur aux difficultés qui se présentaient.

En 1854, la France fut en proie à un terrible fléau : le *choléra-morbus* se déclara avec une grande violence dans diverses contrées et fit beaucoup de victimes.

La *Côte-d'Or* ne fut point épargnée, et la

paroisse de Nuits fut particulièrement éprou-
vée.

Comme dans l'épidémie de sa première
paroisse, à Gurgy, M. le curé se jeta intrépidement dans la mêlée dangereuse des mourants.

Dans les premiers jours, les attaques furent d'abord peu nombreuses ; mais bientôt
l'épidémie prit une effrayante intensité : la
mort multiplia ses victimes, soudainement
foudroyées par le fléau. L'effroi se répandit
et ne fit qu'aggraver le mal.

La classe pauvre fut plus particulièrement
atteinte. M. le curé organisa des secours de
tout genre, en remèdes, en linge, en nourriture plus saine et plus substantielle. Il paya
de sa bourse, il paya plus encore de sa personne. Comme le général au fort du combat,
on le trouvait partout sur ce terrible champ
de bataille ; il pourvoyait aux soins du corps,
il prodiguait les soins de l'âme ; à toute heure
du jour et de la nuit, il se rendait au chevet
des mourants, là où sa présence était utile,
et *pas un seul* cholérique ne succomba sans

avoir reçu tous les sacrements et toutes les consolations de la religion (1).

Il allait aussi de maison en maison dans les familles qu'il savait en proie à la peur, et sa parole, toujours persuasive, remontait les courages et conjurait le mal.

Des prières publiques contre le fléau dévastateur avaient été autorisées. Elles avaient lieu le soir, avec un grand concours de personnes. Malgré ses occupations et ses fatigues, qui étaient extrêmes, M. le curé les présidait lui-même, et, tout en recommandant l'esprit de pénitence, il excitait la confiance en la miséricorde de Dieu. Un dimanche, où le fléau avait fait de plus grands ravages, il parla avec tant d'éloquence contre la profanation du dimanche, qu'au sortir de l'office, des membres de la classe vigneronne disaient : « C'est vrai, c'est le travail du dimanche qui nous vaut cela ! »

(1) M. le Curé parlait avec admiration du zèle intrépide et du dévouement sans borne qu'il avait rencontrés dans les pieuses filles de Saint-Vincent de Paul, de Nuits, pour les secours aux malades de la ville. Les religieuses hospitalières se montrèrent également à la hauteur de la tâche pénible et dangereuse dans leur établissement encombré.

Quoique durant toute l'épidémie, il fût au milieu des mourants, respirant l'air empesté, Dieu ne permit pas qu'il fût atteint ; mais sa santé en reçut le contre-coup : il lui fallut du temps pour se remettre de cette laborieuse secousse.

II

Sans tenir compte de l'ordre chronologique, nous relions à ce qui précède le rôle plein de vaillance et d'inépuisable dévouement que sut remplir M. l'abbé Garnier dans un événement qui figurera dans les fastes guerrières de la France, et tiendra une grande place dans l'histoire de la ville de Nuits.

Qui ne se rappelle l'émotion produite par l'imprévoyante déclaration de guerre à la Prusse, en 1870 ?

Après les cris enthousiastes d'une téméraire confiance, les illusions s'évanouirent vite devant l'effrayante réalité. Le bruit des défaites de Forbach, de Wissembourg, de

Werth, de Reischoffen, tombe au milieu de nous comme le son terrifiant et prolongé d'un glas funèbre. Les efforts héroïques de notre vaillante armée à Gravelotte, à Borny, à Saint-Privat, à Cercotte, ne peuvent rappeler la fortune sous nos drapeaux. La plus belle de nos armées disparaît dans le désastre de Sedan. A la faveur d'une révolution politique opérée en France, sous l'éclat de ses victoires, l'ennemi, partout victorieux, arrive sans obstacle aux portes de Paris.

Bientôt Strasbourg capitule. L'armée assiégeante, devenue libre, s'avance à travers les défilés de l'Alsace, pénètre dans notre département, enlève, à Talmay, nos pauvres mobilisés laissés sans direction et sans instruction militaire. Le 30 octobre, elle parvient sur les hauteurs de Saint-Apollinaire et bombarde Dijon, dont elle s'empare, malgré une courageuse résistance.

III

Dès le lendemain, l'ennemi commence ses excursions intéressées dans les lieux d'alentour. Les riches produits de la côte de Nuits, dont la renommée a franchi toutes les frontières, ne pouvaient échapper à ses convoitises. Un régiment vint pour s'installer à Nuits même. C'était le 20 novembre. Tout à coup apparaît une petite troupe de nos francs-tireurs; elle comptait à peine trois cents hommes. Elle attaque résolûment l'ennemi, malgré sa supériorité numérique.

Les Français étaient postés sur le versant de la montagne. Les Prussiens, attaqués sur la route de Dijon, se défendirent en se rapprochant de leurs assaillants.

Cette poignée de Français soutint la lutte durant la moitié de la journée, mais elle dut se replier devant les masses ennemies qui incendièrent les chalets et quelques maisons de campagne construits sur les coteaux.

Les Prussiens n'osèrent coucher à Nuits, et le soir même ils reprirent le chemin de Dijon. Les Français n'eurent à déplorer qu'une seule victime, Léon Mesny de Boisseau, qui, arrêté par une maladie subite (1), fut assassiné par les soldats ennemis.

A quelques jours de là, le 30 novembre, les Prussiens reviennent sur Nuits, avec des canons, dans l'espoir de détruire un petit corps d'armée qui s'y était établi, afin de surveiller l'ennemi et d'arrêter ses déprédations.

Le combat se livre plus acharné que le 18 novembre précédent, avec un feu nourri, durant une grande partie de la journée. Les façades des maisons, dans la partie basse de la ville, sont criblées de projectiles.

A l'hôpital, les balles traversent les vitraux et les lustres de la chapelle et vont se fixer dans le confessionnal, sans toucher une seule des personnes qui se trouvaient en prières devant le saint Sacrement.

(1) En sautant un fossé, une hernie se produisit complète avec de vives douleurs.

Enfin l'ennemi maltraité, redoutant de nouveaux assaillants, prend précipitamment le chemin de Dijon. Les victimes furent plus nombreuses que dans le premier combat.

Les habitants de Nuits fêtèrent patriotiquement leurs libérateurs.

IV

En apprenant l'expédition projetée dans l'est, sous le commandement du général Bourbaki, les Prussiens comprirent la nécessité de rétrograder, afin de n'être point cernés. Dans la crainte d'être inquiétés dans leur retraite, ils veulent anéantir l'armée qui s'était reformée plus forte à Nuits.

Le 18 décembre, dès le matin, ils réunissent tous leurs cantonnements ; le corps d'armée en entier se met en mouvement sur trois colonnes, accompagné de toute l'artillerie. Son aile droite débouche sur Villars-Fontaine, dans la pensée évidente de prendre l'armée française par derrière. L'aile gauche s'avance par la plaine et se concentre dans les champs de la Berchère ; le centre suit la route de Dijon à Nuits. Ce plan bien conçu pouvait permettre à l'ennemi d'envelopper notre petite armée et de l'enlever tout entière.

Il est généralement admis que les Prussiens avaient mis en ligne de bataille une vingtaine de mille hommes, et les Français de quatre à cinq mille. Il ne faut pas compter quinze cents mobilisés placés en réserve près de Premeaux, sans chef, sans commandement et qu'on oublia d'appeler au moment où leur présence eut pu déterminer la victoire. Le commandant Bourras était resté avec ses francs-tireurs dans la plaine du côté de Seurre ; Garibaldi et ses bandes étaient occupés à traiter la ville d'Autun en pays conquis.

Le commandant Crémer, improvisé général, était à la tête de l'armée de Nuits. Homme de plaisir, inexpérimenté dans la conduite d'une armée, trop occupé à déguster les délicats produits de la localité, il ne surveillait pas l'ennemi, et ne s'attendait pas du tout à un nouvel engagement. Il était en promenade sur la route de Gevrey quand il aperçut les nombreux bataillons prussiens venant à lui. Il n'était point à la hauteur de la position. Heureusement des officiers pleins de bravoure, d'intelligence et de patriotisme suppléèrent à l'insuffisance du chef.

La bataille s'engagea partout à la fois. L'artillerie française, du haut de la montagne, arrête et neutralise entièrement l'aile droite de l'ennemi dans le vallon de la Serrée. Le centre est tenu en respect par le feu nourri de la fusillade et de quelques canons. C'est surtout à l'aile gauche que se porte l'attaque et la résistance. Le château de la Berchère est pris et repris. Des hauteurs de Chaux, l'artillerie, très-bien dirigée, fait d'affreux ravages dans les rangs ennemis. L'intrépide colonel de Carayon-Latour, avec ses mobiles de la Gironde, et le brave colonel Celler, à la tête de ses légions du Rhône, font une résistance obstinée à l'ennemi. Ce dernier reçoit une blessure mortelle dans le lieu où l'on a élevé une colonne en son honneur.

L'armée prussienne met sans cesse en ligne

des troupes fraîches et de plus en plus nombreuses.

Pour n'être point cernés, les Français, dont les rangs s'éclaircissent et ne reçoivent pas de renforts, sont obligés de rétrograder sur Nuits, tout en continuant de combattre.

Le chef de la gare, ancien militaire, prend bravement le commandement d'un certain nombre de soldats laissés sans chefs (1). La chaussée du chemin de fer se garnit de combattants qui, abrités par le talus, lancent la mort dans les rangs ennemis, presque sans éprouver de pertes, et le tiennent longtemps en échec ; ce n'est que quand les cartouches leur font défaut qu'ils sont obligés de se replier sur la ville, puis sur Beaune. Les Prussiens avancèrent alors sur Nuits ; mais ils retrouvèrent le combat dans les rues, que nos braves soldats, héroïquement obstinés, défendaient pied à pied avec un intrépide acharnement. Un simple soldat, resté inconnu, posté seul à un angle de la place du Baillage, dé-

(1) Ce chef de gare a été décoré en récompense de sa courageuse conduite.

chargea, avec un admirable sang froid, douze fois son arme sur une épaisse colonne prussienne dont il suspendit un instant la marche, couchant par terre, à chaque coup, un des envahisseurs.

Nous avions cédé au nombre; mais nos vainqueurs, qui tous avaient été obligés de combattre, succombant de fatigue, de faim et de tristesse, ont à peine la force de faire quelque pillage dans les premières maisons où ils peuvent pénétrer. Effrayés de leur victoire et redoutant une nouvelle attaque, ils se hâtent dès le lendemain vers Dijon. Leur perte en morts et en blessés s'élevait à un chiffre énorme. Le plus notable de leurs généraux, le duc de Bade, frère du grand duc régnant, avait reçu une blessure très-grave à la figure.

De notre côté aussi, quelles pertes cruelles! Les vignes, les chemins, les rues étaient jonchés de morts et de blessés français ; leur nombre, quoique beaucoup moindre que celui des Prussiens, était grand.

Avant la fin du combat, l'hôpital était

déjà entièrement envahi, malgré les balles et les obus qui y tombaient de tous côtés. Par une protection vraiment providentielle, aucune des religieuses et des personnes de service ne fut atteinte (1).

Selon leur usage, les Prussiens avaient enterré la plupart de leurs soldats tués ; ils réquisitionnèrent toutes les voitures d'alentour pour emmener une partie de leurs blessés à Dijon.

V

Après l'héroïsme du champ de bataille, éclate, dans toute sa splendeur, l'héroïsme non moins admirable de la charité, comme un doux rayon de soleil après l'ouragan.

(2) Nous voulons mentionner ici le courageux dévouement d'une simple fille de service à l'hôpital, *Adèle Brocard.* Le colonel Graciani, se mourant d'une cruelle blessure, appelait un confesseur pour le reconcilier avec Dieu devant lequel il allait paraître. La pieuse Adèle se recommande à la Sainte-Vierge et s'élance entre les deux armées, au milieu des balles, pour aller chercher un prêtre. Elle fut perdue pendant quatre heures. On la croyait tuée, quand on la vit rentrer sans une seule égratignure. Le colonel était mort au bout d'une heure, dans d'atroces souffrances.

La ville de Nuits s'est couverte d'un immortel honneur sur ce champ du dévouement, et nous tenons à le transmettre à l'admiration et à l'exemple des générations à venir.

Dès que la poudre eut fait silence, M. le curé, ses vicaires et les religieuses commencèrent leur œuvre; des habitants, en grand nombre, se précipitèrent dans les rues, dans les chemins, dans les vignes, partout où le combat avait pu faire des victimes. Les prêtres administrèrent les mourants; on releva les blessés; l'hôpital étant encombré, toutes les maisons de la ville s'ouvrirent, offrant un refuge affectueux, avec un patriotique empressement, à ces chers soldats qui venaient de verser leur sang pour la défense commune.

Les vastes maisons de M. Marey Félix, de Madame Marey-Monge, de M. de Lupé, furent tout entières offertes et remplies tout entières. C'est là qu'on réunit les plus malades et les plus gravement blessés.

Pour comble, l'épidémie de l'affreuse variole noire se répandit et fit de nombreuses victimes.

M. le curé se dévoua avec son habituelle ardeur, et fut imité par ses vicaires, qui se montrèrent intrépides à son exemple. Les soldats blessés reçurent les sacrements avec la résignation qui embaume le cœur du mourant.

Quand l'odeur était trop fétide et le danger épidémique trop grand, M. l'abbé Garnier éloignait parfois la religieuse et ceux qui l'accompagnaient, se réservant le danger pour lui seul, et préparant lui-même tout ce qui était nécessaire pour l'extrême-onction. Son mérite était d'autant plus grand que ses sens étaient d'une extrême délicatesse.

Toujours en surplis, le crucifix à la main, on le rencontrait partout en ces jours de deuil, parcourant les rues de la ville, entrant dans toutes les maisons remplies de malades, consolant les blessés, exhortant et administrant les mourants, et faisant baiser à tous l'image du divin crucifié.

Ces pauvres jeunes gens, souffrant loin de leur famille, l'appelaient leur père et le priaient avec attendrissement de ne pas s'éloigner d'eux. Partout il rencontrait sympathie, respect et reconnaissance. Profondément touché des pieux sentiments de ces généreux enfants de la France, son cœur d'apôtre tressaillait : que d'âmes sauvées, disait-il ! Ces morts, oh ! ce sont des résurrections ! Ces soldats chrétiens sont de vrais martyrs du Christ, mourant comme leur maître pour le salut des autres ! Et son visage à ce récit se couvrait de larmes.

VI

Que de scènes émouvantes se produisirent au chevet des jeunes soldats expirants ! C'était parmi eux comme un assaut de pieuse ferveur. M. le curé passait de longues heures au milieu d'eux, relevant leur courage, amenant le sourire sur leurs lèvres par de spirituelles saillies, où par le récit d'un trait qui les charmait.

Il y eut des jours où la mort se pressait, multipliant les victimes. Les mourants appelaient le prêtre d'un bout à l'autre de l'ambulance : M. le curé, ah! venez vite me confesser ? — M. le curé, ne me délaissez pas! — M. le curé, ne m'avez-vous pas oublié ? — M. le curé, je vous attends, je me meurs? Tout en administrant ou confessant, M. le curé répondait : Je vais à vous, mon ami ! Plus qu'un peu de patience ! Dans un instant ! Tenez-vous prêt !

Dans une rapide exhortation qui s'adressait à tous, il tombait de ses lèvres ou plutôt de son cœur des paroles vraiment inspirées, qui portaient en ceux qui les entendaient courage, apaisement, résignation, souvent la joie, malgré les souffrances du corps.

Un vieux sergent, qui avait oublié Dieu dans les camps, marchait rapidement à sa fin; il fermait son âme aux exhortations de ceux qui le servaient. M. le curé est prévenu de ses résistances; il vient, s'assied près de son lit et lui dit sans préambule :

« Quand vous étiez sous les armes, vous obéissiez à votre général, comme tout bon soldat, n'est-ce pas ? — Oh ! oui, M. le curé. — Eh bien ! je suis le général de votre âme ; en avant la main droite, faites le signe de la croix ! Et, avec une docilité d'enfant, le vieux troupier se signa et commença sa confession.

Un autre jour, un jeune libre-penseur tirait vanité à plaisanter de la religion. M. le curé le visite et reconnaît en lui les symptômes d'une mort prochaine. Il lui adresse quelques bonnes paroles de commisération et lui annonce qu'il reviendra le voir bientôt. Il revient en effet au bout d'une heure, se renferme seul avec le malade. Une demi-heure après, il sortait de la chambre ; sa figure reflétait le bonheur ; il donna l'ordre de tout préparer pour l'administration des sacrements. Le libre-penseur était entièrement transformé ; il reçut, avec une touchante dévotion, la sainte communion et l'extrême-onction. Il vécut deux jours encore, édifiant tous ceux qui l'approchaient, demandant un catéchisme pour réapprendre les enseignements trop oubliés de sa première communion ; calme, résigné, il s'enquérait si désirer de mourir, pour aller à Dieu, n'était pas un péché.

Quand Pâques fut venu, un assez grand nombre de convalescents se trouvaient encore dans l'ambulance de Lupé. M. le curé les prépara à la communion pascale, et leur porta la sainte Eucharistie à tous en même temps et en grande pompe ; une foule de fidèles faisait cortége. Les heureux témoins de cette scène ne peuvent avoir oublié l'émouvante exhortation qu'il leur adressa ; c'était de la grande éloquence du cœur.

VII

Je ne dois pas laisser dans le silence de l'oubli, femmes chrétiennes de Nuits, votre admirable dévouement. Vous ne vous êtes pas contentées d'offrir vos demeures aux blessés : vous vous êtes transformées pour eux en sœurs de charité. Vous vous êtes souvenues, au souffle de la foi, que vous étiez mères, et vous avez voulu en remplir les devoirs envers ces inconnus de la veille. Vous vous êtes précipitées, comme des anges gardiens, au secours des pauvres blessés ; vous avez entouré de vos bontés attentives et affectueuses ces foules souffrantes et plaintives, et vous leur avez adouci l'absence de la famille.

Leurs mères affligées, en apprenant votre dévouement, vous ont voué une immortelle reconnaissance. Dieu vous a suivies dans vos veilles prolongées ; il vous a contemplées soignant les membres déchirés de ces victimes des combats, et celui qui a promis de ne point laisser sans récompense le verre d'eau offert en son nom, de regarder comme faite à lui-même la visite rendue aux malades, a écrit tous vos soins compatissants au livre de votre avoir dans le ciel.

VIII

Dans les combats de Nuits, comparativement les plus meurtriers de la guerre désastreuse de 1870, nous devons une mention spéciale à un jeune héros, qui, le premier, a versé son sang sous les balles prussiennes, dans les combats livrés près de nous. Il s'appelait Léon Mesny de Boisseau. Il n'avait que dix-huit ans ; il était le dernier enfant d'une mère veuve. Sans tenir compte des immunités de son âge et de sa complexion délicate, sans penser à l'avenir qui lui promettait une brillante fortune, il n'avait voulu voir que les désastres de la France, et s'enrôla vaillamment dans les francs-tireurs du Jura.

Il était de ce petit groupe d'éclaireurs qui avait audacieusement attaqué le gros détachement prussien qui, le 20 novembre, venait rançonner la ville de Nuits.

Cette poignée de francs-tireurs, sans être soutenue par personne, et malgré les obus qui labouraient le terrain où ils s'étaient postés, conserva plus de cinq heures sa position devant un ennemi dix fois supérieur en nombre. Quand la nécessité commanda la retraite, Léon Mesny, malade et épuisé, refusa de suivre ses compagnons, pour ne pas ralentir leur retraite et les exposer à un plus grand danger. Il se déroba sous une pile de paisseaux. Les soldats ennemis avaient vu de loin sa manœuvre. Ils vinrent, le saisirent, et, sans pitié pour son âge et son état, incapables de comprendre le respect dû à ce chevaleresque enfant, ils le contraignent de se lever, ils le traînent avec eux, malgré ses souffrances atroces, l'insultent lâchement pendant ce long trajet, et, arrivés au bord de la route, à un demi kilomètre de la ville, ils l'assassinent indignement, sans souci des lois de la guerre et du droit des gens.

Ta mort, ou plutôt ton martyr patriotique, ô Léon Mesny, restera comme une honte immortelle au front de ces soldats sans cœur comme sans justice !

Des mains françaises rapportèrent à l'hospice son corps dont les plaies sans nombre accusaient les horribles tortures auxquelles l'avait soumis la rage de ses ennemis. Ses compagnons vinrent et purent le reconnaître. La nuit suivante, ils l'emportèrent à Beaune, afin de l'envoyer à sa malheureuse mère, qui arriva elle-même en cette ville pour recueillir ses restes. Les sœurs hospitalières de Nuits l'avaient pieusement enseveli.

IX

Le 20 novembre 1871, M. le Curé célébrait un service funèbre, annoncé pour ce jour de douloureux anniversaire, en faveur de l'âme de Léon Mesny de Boisseau, si cruellement immolé. Une foule nombreuse se pressait dans les vastes nefs de l'église.

L'office terminé, M. le Curé se rendit processionnellement sur le lieu lugubre de l'assassinat, pour y bénir un petit monument armorié, surmonté d'une croix, que Mme Mesny de Boisseau avait fait ériger en mémoire de son cher enfant. La foule y fut plus nombreuse encore qu'à l'église : la ville de Nuits voulait rendre ainsi un juste hom-

mage au dévouement de l'un de ses défenseurs.

La pauvre mère était là, en habits de deuil,
agenouillée sur les pierres du chemin, abîmée dans ses pensées douloureuses, et laissant échapper ses sanglots au milieu de la
foule grandement émue. Le spectacle d'une
si grande douleur et le souvenir d'un si cruel
événement faisaient couler les larmes de tous
les yeux. M. l'abbé Garnier, plus impressionné que tous, se fit l'interprète éloquent
des sentiments qui remplissaient les cœurs.
Tournant ses regards sympathiques vers la
mère éplorée : « Tout ce que je vois ici, Ma-
« dame, s'écrie-t-il, me représente une
« grande scène, à la fois lugubre et conso-
« lante de l'Evangile. Le bon Jésus arrivait
« aux portes de la ville de Naïm. Là, il ren-
« contre un mort que l'on portait en terre ;
« c'était un fils unique ; sa mère était
« veuve, et elle assistait au convoi funèbre,
« entourée d'une grande foule de personnes
« de la ville. Le Seigneur, la voyant, s'émut
« de compassion sur elle et lui dit : *noli*

« *flere,* mère affligée ne pleurez point. Et
« il s'approcha et il toucha le cercueil, et
« ceux qui le portaient s'arrêtèrent et il
« dit : Jeune homme, je te l'ordonne, lève-
« toi, et le mort se leva, et il le rendit à sa
« mère. »

« Comme à Naïm, Madame, Jésus voit
« ici, aux portes de la ville de Nuits, en-
« tourée d'une foule qui partage sa dou-
« leur, une mère veuve, elle aussi, abîmée
« dans les larmes, sur le lieu du supplice
« où son fils unique a versé la dernière
« goutte de son sang pour la patrie en
« deuil ; et par ma voix il vous dit à vous
« aussi : *noli flere,* ne pleurez pas !

« Non, mère affligée, ne pleurez pas ! Ce-
« lui qui a versé son sang pour le salut des
« hommes a touché de sa main, j'en ai la
« confiance, votre fils mourant pour la dé-
« fense de son pays ; il a fait vibrer en son
« âme expirante les sentiments chrétiens
« de vos maternels enseignements, et il lui
« a dit : Jeune homme, lève-toi, je te l'or-
« donne ; ton sang versé s'unit à celui que

« j'ai répandu sur le monde ; viens recevoir
« la récompense des mains du Dieu des
« armées. Un jour tu seras rendu à ta mère !

« Non, mère affligée, ne pleurez pas !
« Votre fils est mort, il est vrai, au prin-
« temps de la vie, mais il n'a pas eu la dou-
« leur ni le temps de perdre les douces il-
« lusions de la jeunesse. Que de tristesses
« ont été épargnées à son ardent patrio-
« tisme ! Il n'a point été abreuvé du spec-
« tacle déchirant des derniers malheurs de
« sa patrie, et de son lamentable abaisse-
« ment.

« Ne pleurez pas, mère affligée ! Cette
« foule qui vous entoure partage votre
« douleur pour l'alléger. Cette croix que je
« viens de bénir nous gardera à tous un
« souvenir qui nous restera cher, et invi-
« tera chacun de ceux qui passeront près
« d'elle à prier et pour le fils et pour la
« mère.

« Ne pleurez pas, mère affligée ! La
« vie, vous le savez, passe comme un songe
« rapide ; bientôt Dieu vous appellera à lui,

« et il rendra à la mère, surabondamment
« consolée, son fils dont les blessures au-
« ront été changées en autant d'étoiles
« rayonnantes de gloire, de bonheur et
« d'immortalité. »

Cette improvisation, prononcée avec une
grande chaleur de cœur, fut écoutée avec une
sorte de saisissement, dans un profond silence, au milieu d'une universelle émotion.

Mme Mesny de Boisseau, reconnaissante,
a voulu s'identifier à la population nuitonne
et contribuer à l'embellissement de la nouvelle église. C'est à elle que l'on doit le beau
vitrail placé à l'église, à côté de l'autel de la
Sainte-Vierge. On y voit, dans le médaillon
du milieu, une *pieta* avec cette inscription :
Mystère douloureux.

C'est le symbole de la douleur maternelle.

X

Nous ne devons ni ne voulons limiter notre pensée à la douleur et à la consolation
d'une seule d'entre les familles qui ont eu à

pleurer des victimes dans les combats meurtriers de Nuits.

M. le curé voulut que tous les soldats morts reçussent la sépulture chrétienne avec toutes les pompes et toutes les prières de l'Eglise.

Que cette parole, franchissant les distances, parvienne à tous leurs foyers en deuil et leur porte cette suprême consolation : ô pères, ô mères, vos enfants bien-aimés, dont le souvenir vous demeure présent, après avoir accueilli, réclamé, avec la foi tombée de vos lèvres en leur âme, le prêtre, cet ami toujours fidèle dans l'abandon et l'épreuve, lui ont confié le secret de leurs faiblesses, leurs dernières confidences, et leur suprême adieu pour vous ; et le prêtre leur a accordé le pardon dont il est le ministre, et, en leur donnant le Dieu de l'Eucharistie, il a rempli leur cœur de consolation et d'espérance (1).

Ce n'est pas tout. M. l'abbé Garnier n'a pas permis que leur héroïsme pût être jamais méconnu.

(1) Spes illorum immortalitate plena est.

Dans le tourbillon vertigineux qui emporte nos sociétés modernes, les événements se pressent, se heurtent, avec une telle impétuosité, qu'ils n'ont pas toujours le temps de se fixer profondément dans la mémoire des hommes, surtout chez un peuple qui oublie vite. Et cependant, il est des actes qui produisent une si puissante émotion, qu'ils doivent laisser une impérissable empreinte.

M. l'abbé Garnier, répondant aux désirs de leurs compagnons d'armes, a voulu sauvegarder de l'oubli le souvenir de nos héros, et il a fait graver, en leur honneur, sur un marbre artistement encadré dans le mur de la nouvelle église, ce texte des saintes écritures : « *Soyez leurs émules et donnez votre* « *vie ; souvenez-vous de ce qu'ils ont fait en* « *leur temps, et vous recevrez une grande* « *gloire et un nom immortel* (1). »

Ces paroles, pleines de riches enseignements, s'appliquent admirablement à l'évé-

(1) Imitatores estote et date animas vestras, et mementote operum quæ fecerunt in generationibus suis, et accipietis gloriam magnam et nomen æternum.

(I Mach., 2, 50.)

nement qu'elles sont chargées de porter à l'admiration et à l'exemple des générations futures.

Les institutions humaines, qui se précipitent les unes sur les autres dans une immense ruine, et qui ne peuvent répondre de leur propre lendemain, sont impuissantes à garder ce dépôt impérissablement. Voilà pourquoi M. Garnier voulut le confier à l'Eglise, qui a des promesses d'éternelle durée, qui a le secret d'immortaliser ce qu'elle recueille, et sait tirer de tout ce qui nous rend fier, comme de tout ce qui nous afflige, les leçons salutaires et fortifiantes qui réparent le passé, consolent le présent et préparent l'avenir.

XI

Mais, pour nos soldats victimes de la guerre, une chose plus précieuse que leur gloire devant les hommes, c'est leur bonheur auprès de Dieu.

Leurs frères d'armes leur ont été fidèles dans la mort comme pendant la vie. Sous l'inspiration du prêtre qui avait veillé sur eux avec une si tendre sollicitude à leurs derniers moments, un service religieux a été fondé à perpétuité, dans l'Eglise de Nuits, pour le repos de leurs âmes, et fixé, chaque année, au 18 décembre, anniversaire de la grande bataille. Le colonel des mobiles de la Gironde, M. de Carayon-Latour, qui a laissé parmi nous un si grand renom de bravoure et de bonté pour ses soldats, dont il était le père autant que le chef, s'est mis à la tête de cette œuvre, à laquelle il a largement contribué lui-même.

La fondation a été dûment approuvée par les autorités religieuse et civile ; depuis cette époque, un service très-solennel a été célébré annuellement dans l'église de Nuits, et chaque fois un discours y a été prononcé en l'honneur des victimes.

Celui qui avait tant fait pour nos soldats, qui avait tout préparé, tout disposé, voulut inaugurer lui-même, avec toute la pompe possible, la série des messes fondées. De belles tentures funèbres furent préparées, et les murs de la grande nef en furent revêtus ; un monumental catafalque, couvert de couronnes, fut dressé en avant du sanctuaire ; toutes les autorités y furent invitées, avec les familles des défunts et les chefs des régiments divers qui avaient figuré dans les combats. La foule fut immense. M. le curé officia lui-même et prononça l'oraison funèbre.

Je suis assuré d'être agréable à mes lecteurs, en leur offrant quelques fragments de ce discours, qui donnera une idée de l'éloquence et du patriotisme de celui dont j'esquisse la vie.

XII

.   .   .   .

« Qui ne sait qu'à certaines heures de la vie, le silence, les larmes, le souvenir, la prière et une muette espérance, sont tout ce que le cœur aimerait à exprimer.

. « Mais pourtant, à cette foule généreuse, qui se presse dans cette église, sous une pensée religieuse et patriotique, il faut une voix pour exprimer les sentiments qui oppressent toutes ces âmes enveloppées d'une atmosphère de deuil, et pour rappeler quelque chose des grands souvenirs évoqués par l'anniversaire que nous célébrons.

« Qu'ils sont douloureux, les anniversaires qui, depuis cinq mois, se succèdent sous nos yeux et ravivent dans nos cœurs une plaie non cicatrisée ! Dans cette guerre sanglante, que de désastres ! Que de familles frappées dans leurs plus chères affections ! Que de ruines amoncelées ! Ah ! sans doute, ces ruines trouveront un remède dans la fortune privée et la fortune publique, mais au prix de quels efforts !

« Notre chère patrie, mutilée, est insolemment foulée aux pieds par l'étranger ; nos drapeaux, si longtemps chargés de victoires, sont maintenant couverts de deuil ! Rien ne nous a été épargné de ce qui peut déchirer l'âme d'un grand peuple !

« Mais la France n'est pas tombée sans gloire, et l'ennemi victorieux n'a pu nous refuser son estime.

« Nous, habitants de Nuits, nous avons été les témoins frémissants du courage de nos valeureux soldats dans trois combats héroïquement soutenus, qui resteront inscrits dans les fastes de notre histoire.

. . . .

« Aujourd'hui, nous nous réunissons afin de rendre hommage aux généreuses victimes de ces combats, et afin de prier pour leurs âmes.

« Ah ! sans doute, la mort que nos soldats ont trouvée, en remplissant si courageusement leur devoir, est un titre à la miséricorde infinie de Dieu, père de la société nationale, comme de la famille, et qui veut qu'on aime et qu'on défende sa patrie, puisqu'il nous met au cœur, pour le sol natal, quelque chose de si tendre et de si fort! Il est permis de croire qu'au moment suprême, le doux souvenir d'une mère, d'une sœur, qui priaient pour eux, les pensées de leur première communion et de la vie future, leur ont apparu, et alors, en mourant pour la France, ils ont élevé leurs regards vers le ciel, invoqué le Dieu des armées, le Dieu de Clovis et de Jeanne d'Arc; et ce Dieu a répondu à leur héroïsme et à leur sang versé, par le cri de sa miséricorde.

..... «Ce n'est pas seulement par quelques larmes stériles que nous voulons honorer le trépas de nos défenseurs. Notre prière doit monter confiante vers Dieu, pour leur obtenir la paix du ciel et apporter quelque soulagement à leurs familles, si douloureusement éprouvées.

..... « Quelle est belle, cette communauté de sentiments et de pensées, d'affection et de bienveillance, de vœux et de prières, qui se continue par delà le tombeau !

..... « Notre prière, utile aux morts, nous fera du bien à nous-mêmes, en donnant à nos pensées une direction plus haute, à nos actes un caractère plus chrétien, et à notre patriotisme un élan plus généreux. Transportés par l'esprit dans un monde supérieur, nous nous souviendrons que le grand but de la vie n'est pas sur la terre, que nous avons dans le ciel une patrie éternelle, dont la patrie terrestre n'est que l'image imparfaite ; *non habemus hic manentem civitatem, sed futuram inquirimus* (Heb. 13, 14). Nous nous souviendrons que nous devons, ainsi que le dit saint Paul, combattre le vice, comme d'intrépides soldats du Christ, pour conquérir la palme immortelle, *labora sicut bonus miles Christi*, et, au besoin, à l'exemple de ceux dont nous honorons la mémoire, donner notre sang pour le devoir.

« Oui, mes frères, l'homme éprouve l'irrésistible besoin d'élever ses regards vers la cité de Dieu, monde invisible, où l'on retrouve ceux qu'on a aimés ici-bas, où les guerres et les divisions sont inconnues, où le calme du présent n'est jamais altéré par les appréhensions de l'avenir. O Jérusalem du ciel, qu'il est doux, surtout à certaines heures, quand la terre a bu des flots de sang, quand ceux que nous aimons nous ont quittés, quand ce que nous avons de plus cher au monde, notre patrie, est dans le deuil et l'humiliation, qu'il est doux de chercher, par la pensée, un refuge dans ton enceinte, pour y goûter un instant de repos. O Jérusalem du ciel, heureuse vision de la paix, *beata pacis visio*, toi dont la vue lointaine est une source toujours féconde de célestes consolations, patrie de notre avenir, ouvre tes portes, laisse-nous entrevoir ceux que nous pleurons, et qui nous saluent des rivages éternels, et fais descendre sur notre patrie du temps, sur notre France encore plus aimée, un peu de la sécurité et de la gloire qui sont ton partage! Nous, tes fils fidèles, nous te le demandons par nos douleurs, par nos expiations, par nos prières, par le sang de ces généreux enfants de la France, qui a coulé sur notre sol, par tant de cœurs brisés, que ne repousse jamais la miséricorde divine, *cor contritum et humiliatum, Deus, non despicies.*

..... « Confortons-nous, mes frères, par la contemplation du passé : avec quel amour

Dieu a formé et gardé la France! De quels périls il l'a sauvée et par quels miracles! Quelle histoire il lui a faite! De quel magnifique diadème il l'a couronnée! De quel triomphal cortége il l'a environnée dans sa marche à travers les siècles! Quels magistrats, quels capitaines, quels orateurs, quels poètes, surtout quels saints! Il lui a prodigué toutes les prospérités, toutes les grandeurs, toutes les gloires.

« Après l'avoir façonnée pour être dans le monde le missionnaire des idées généreuses et chrétiennes, Dieu a permis que la France fût soumise un instant à une épreuve douloureuse : si de nos frères tombés sur les champs de bataille, nous portons nos yeux en pleurs vers ces autres frères, plus à plaindre, qui, pour payer notre rançon, ont été séparés de nous et gémissent sous un joug abhorré, nous voyons leurs bras tendus vers nous ; ils soupirent après l'heure de reprendre le nom glorieux d'enfants de la France.

« Dieu, dans sa miséricorde, c'est là notre

ferme espoir, visitera un jour notre pays, et lui rendra, avec la paix et la sécurité, l'honneur et l'influence de sa haute position parmi les peuples. Une nation qui s'appelle la France, qui enfante des soldats tels que ceux que nous pleurons, des fils que la foi et la piété réunissent innombrables et fervents aux pieds des autels, est une nation qui peut tomber, mais qui se relèvera et saura reconquérir, par sa sagesse et son énergie, son rang dans le monde.

..... « Honneur au drapeau français devant lequel je m'incline avec respect! Le crêpe qui le voile on ce moment me le rend plus cher. Bientôt ce crêpe disparaîtra, et l'étendard de la France régénérée resplendira de tout son éclat.

..... « O mon Dieu, hâtez-vous, relevez de ses abaissements notre chère patrie ; replacez sur son front le diadème de sa puissance et de sa majesté ; rendez-lui ses prospérités évanouies ; donnez-lui l'esprit d'union et de concorde, une longue et glorieuse paix ! Qu'elle ne déserte jamais votre étendard sacré, et que, par son courage, sa fidélité et sa persévérance, elle fasse triompher bientôt celui de la patrie ! »

Ces paroles échappées d'un cœur sacerdotal, et toutes parfumées du plus pur et du plus ardent patriotisme, furent prononcées avec un accent pénétré, furent accueillies avec une visible sympathie, et produisirent un immense effet sur le nombreux auditoire.

Les années suivantes, l'église s'est remplie de nouveau pour ce même office désormais fondé. Les députations lyonnaises et de la Gironde ont donné à M. Garnier, jusqu'à sa mort, la consolation de les voir toujours fidèles à ce pieux rendez-vous, où elles apportaient de nombreuses couronnes.

Elles ont rendu compte avec éloge et reconnaissance dans les journaux de Lyon de cette cérémonie grandiose et des discours qui y ont été prononcés.

Cette solennité s'est continuée et se perpétuera dans la population nuitonne qui sait se souvenir.

CHAPITRE VIII

Œuvres paroissiales : Ordre dans les cérémonies religieuses — Confréries du Saint-Sacrement — de l'Immaculé Cœur-de-Marie — de la Persévérance — des Enfants-de-Marie — des Ouvriers et des Vignerons. — Chant paroissial. — Maîtrise. — Œuvre des Tabernacles. — Bibliothèque paroissiale. — Station quadragésimale. — Evangélisation des pauvres. — Les Petites Layettes. — Les Frères des Ecoles chrétiennes. — Visite aux petits Enfants. — Œuvres d'intérêt général : Denier de Saint-Pierre. — Les Séminaires diocésains. — Propagation de la Foi. — Université catholique.

I

Malgré les graves et exceptionnels événements dont nous venons de parler, et qui se produisirent successivement à Nuits, à des époques rapprochées, M. l'abbé Garnier n'avait pas perdu de vue un instant le soin capital des âmes dont il était chargé. Dès son installation, il s'était appliqué à régler

chaque chose pour le succès de son ministère. Son rêve, disait-il, était d'organiser
une paroisse modèle, pourvue d'institutions
toutes fondées, de manière à ne laisser à son
successeur qu'à recueillir dans la paix ce
qu'il aurait semé dans le labeur et les angoisses.

Avec son esprit d'ordre, essentiellement
organisateur, il dressa un plan complet d'administration, où rien ne fut négligé, et qui a
été suivi jusqu'à son dernier jour.

Complétant ce qui avait été commencé par
son honorable prédécesseur, il fit comprendre que la régularité, le silence et la décence
devaient être rigoureusement observés dans
la maison de Dieu ; et bientôt une tenue irréprochable, édifiante, fut remarquée dans
les réunions religieuses à Nuits.

II

Entrant profondément dans l'esprit de
l'Eglise, il comprenait la puissance de l'association dans la prière ; il tint donc à favo-

riser les confréries. Celle du *Saint-Sacrement*, la première entre toutes, était dès longtemps établie : il mit ses soins à la développer de plus en plus. Chaque année, au grand jour de la Pentecôte, il adressait un chaleureux appel à la foi de ses paroissiens envers le Dieu de l'Eucharistie, indiquant ce qu'il convenait de faire pour la procession solennelle de la Fête-Dieu, et les hommages qu'on devait lui rendre dans les rues de la ville, et surtout dans les âmes.

Dans la dernière année de sa vie, il avait fait ériger canoniquement la procession du Saint-Sacrement au troisième dimanche de chaque mois, pour aviver la dévotion envers Notre Seigneur Jésus-Christ, et favoriser la sanctification du dimanche par l'assistance aux vêpres trop négligées. Il ne lui a été accordé de présider ici-bas que quatre fois cette auguste cérémonie.

III

Le zèle de son prédécesseur avait fondé, en 1844, *l'archiconfrérie du saint et immaculé*

Cœur de Marie pour la conversion des pécheurs. M. l'abbé Garnier donna une grande extension à cette association, établie à peu près dans l'univers entier. Par ses invitations pressantes et souvent renouvelées, le nombre des membres fut plus que doublé ; de nombreuses recommandations aux prières des associés étaient faites à chaque réunion du dimanche ; il obtint de l'autorité diocésaine plusieurs bénédictions du Saint-Sacrement en sa faveur ; la messe célébrée le samedi pour les membres vivants et morts devint solennelle ; l'assistance y fut plus nombreuse et les communions de plus en plus fréquentes. Dans les derniers temps, il lui avait procuré un harmonium pour donner plus d'entrain aux chants en usage à cette messe.

IV

Il fonda lui-même une œuvre modeste en apparence, mais grande par les résultats qu'elle a produits ; je veux parler de la *Persévérance* des jeunes filles.

Cette association a été un puissant moyen de régénération pour la paroisse, en donnant un grand nombre d'excellentes mères de famille, solidement chrétiennes, et montrant l'exemple de la fidélité à tous les devoirs que la religion impose. Chaque année, à la messe d'actions de grâces de la première communion, il recommandait cette œuvre, comme le meilleur moyen de conserver les fruits de ce grand et beau jour.

De la *Persévérance* sortit, comme de sa source, l'association des *Enfants de Marie*, portion choisie, objet particulier des soins et de la paternelle tendresse de M. Garnier. Il voulut en rester toujours le directeur.

Aussi longtemps que sa santé le permit, il aimait à en présider les réceptions et les réunions, où il laissait tomber, de ses lèvres, les conseils les plus entraînants et régulièrement suivis. L'*Immaculée Conception* en était la fête patronale; il la célébrait en grande pompe.

La règle, en était sévère : pour y être admis, il fallait avoir donné déjà, non plus seulement des espérances, mais des preuves de vertus. Et pourtant, l'association était nombreuse. Là se trouvait, sans contredit, toute l'élite de la paroisse; on tenait pour un grand honneur d'y être admis, et ses membres jouissaient d'une juste considé-ration. M. le curé s'était engagé, à bénir lui-même le mariage de toutes les associées; c'était là une faveur souhaitée, qu'on appréciait grandement (1).

(1) La lettre suivante donne une idée de la satisfaction qu'éprouvaient les enfants de Marie à être mariées par M. le Curé.

« Monsieur,

« J'ai obtenu que mon mariage ait lieu le ... jour où vous « serez ici.

« Je ne puis assez vous témoigner tout le bonheur que « j'éprouve, sachant que vous-même bénirez mon mariage. « Combien ma peine eût été grande, s'il m'eût fallu renoncer « à une telle satisfaction.

« Je vous remercie donc du fond de mon âme du dévoue- « ment que vous venez de me témoigner, et je vous prie de « croire, Monsieur le Curé, que la jeune fille à laquelle vous « avez fait faire la première communion, et qui a reçu de « vous tant de marques de bienveillance, vous conservera « toujours l'affection respectueuse, vive et sincère qu'elle « vous a vouée. »

V

Les habitants de Nuits avaient hérité de leurs pères des *confréries de métiers* ; quelques-unes avaient été conservées. Chaque année, au jour de leur fête, ils faisaient célébrer la messe de leur saint patron, et y assistaient régulièrement. C'est là un lien qui les rattachait encore au *Dieu qui a réjoui leur jeunesse.*

La *confrérie des vignerons* est la plus nombreuse. M. l'abbé Garnier voyait toujours avec bonheur le retour de ces fêtes. Que de fois il me l'a raconté ! Il se trouvait là véritablement pasteur et père, au milieu de sa famille paroissiale. Dans les allocutions qu'il ne manquait pas d'adresser à l'assemblée, son émotion personnelle courait les rangs, pénétrait dans le cœur de tous ces gens, qui savaient saisir vite sa pensée et en comprendre l'élévation et la beauté. Ils admiraient cette parole, si richement féconde, et sentaient dans cette voix si convaincue une âme dévouée qui savait se donner. Parfois, un dialogue s'établissait entre l'orateur et l'auditoire attentif et saisi. On répondait aux interpellations du prêtre, on faisait des promesses; d'autrefois, on le priait de continuer son discours. Et, ainsi, les cœurs s'échauffaient, la confiance mutuelle naissait, et, si ces réunions s'étaient renouvelées souvent, il n'est pas douteux que l'entente eût été entière, persévérante, et, la grâce de Dieu aidant, les confrères seraient devenus des chrétiens complets.

Mais, sur les ailes du temps, et au souffle des passions de notre pauvre humanité, les bonnes pensées et les bons sentiments s'envolent, plus rapidement encore que la tristesse.

Un jour, il y eut dissidence entre le pasteur et les membres de la confrérie et de la société des vignerons.

C'était en 1852. Le coup d'Etat avait surexcité les esprits. La ville de Nuits avait été particulièrement agitée par un douloureux événement dont nous avons parlé.

Des insignes révolutionnaires avaient été tracés sur une croix tombale, placée au cimetière. L'autorité judiciaire du pays crut bon de la faire disparaître, et, pour prévenir tout mouvement populaire, l'enleva pendant la nuit. On approchait de la fête de saint Vincent. Les mécontents eurent le soupçon que M. le curé pouvait bien être l'auteur de cet enlèvement, et ils voulurent le lui faire sentir. Les membres de la confrérie et de la société se rendirent, en grand nombre, à l'office célébré pour eux.

Lorsque M. le curé vint recevoir l'image du saint patron, à la porte de l'Eglise, il crut distinguer, sur les visages, une expression à laquelle on ne l'avait point accoutumé : il y lut une sorte de mécontentement, ou, tout au moins, un défaut de sympathie.

A l'offertoire de la messe, toute l'assistance venait, d'ordinaire, baiser la croix. Cette fois, deux hommes seulement se détachèrent de la foule, et se présentèrent à l'offerte. La chose n'était plus douteuse, il y avait complot. M. l'abbé Garnier en devina le motif, et, comme la religion était en cause, il releva le gant. Placé en face de l'assistance, il félicita hautement et énergiquement les deux chrétiens qui avaient eu le courage de venir, seuls, embrasser l'image de Jésus-Christ ; puis, s'adressant à toute l'assistance : « J'ai le droit, dit-il, d'être étonné : depuis déjà du temps, je suis au milieu de vous ; plusieurs fois je vous ai adressé la parole, comme aujourd'hui ; j'ai senti palpiter vos cœurs à l'unisson du mien, et vous ne me connaissez pas.

« Non, vous ne me connaissez pas : car, sachez-le bien, si j'avais cru de mon devoir de faire disparaître cette croix, je n'en aurais point laissé timidement la responsabilité à un autre, je serais allé de ma personne au cimetière, je l'aurais arrachée de mes mains, je l'aurais placée sur mes épaules, et, en plein midi, je l'aurais emportée à travers les rues de la ville, en passant au milieu de vous, sans la moindre atteinte de la peur. Voilà comment j'aurais agi ; voilà comment vous deviez me connaître ; et je suis convaincu que pas un de vous ici ne doute de mon affirmation, publiquement proclamée. »

Après ce vigoureux début, s'inspirant de l'office de leur saint patron, il montre à ses auditeurs, dont il s'est emparé, ce qui fait l'homme vraiment fort et vaillant : « Quand vous entendrez des bruits de guerre, quand vous serez au fort des séditions, dit Jésus-Christ aux chrétiens, ne soyez point effrayés... On vous persécutera, on se saisira de vous, on vous traînera devant les puissants et les rois, à cause de mon nom ; ne vous préoccupez de rien, je vous donnerai moi-même une sagesse à laquelle tous vos ennemis ne pourront résister... Vous serez livrés par vos frères, par vos amis, vous serez haïs à cause de moi ; plusieurs seront mis à mort ; mais encore une fois, possédez vos âmes dans la patience : pas un cheveu de votre tête ne périra... des prodiges éclateront au-dessus de vous ; les peuples seront consternés ; sous le bruit tumultueux de la mer et des flots, les hommes sécheront de frayeur...

« Alors, ô chrétiens, ô hommes forts par la foi, levez les yeux en haut, parce que votre rédemption est proche. Ne craignez point ceux qui peuvent atteindre le corps seulement. Mais craignez Dieu, servez-le lui seul, voilà où se trouvent la véritable sécurité, la véritable grandeur, la seule véritable gloire. »

Ces paroles évangéliques (1), développées, appliquées aux circonstances, et à la position de ceux qui les entendaient, produisirent un effet saisissant ; un silence immense, profond, s'était établi, les préventions étaient détruites, les cœurs gagnés, les sympathies revenues ; et, au sortir de l'office, tous ces hommes, éclairés, subjugués, attendirent M. Garnier, redevenu pour eux leur curé loyal et vainqueur, et le remerciè-

(1) St Luc., chap. 6.

rent en lui offrant leurs plus cordiales félicitations (1).

VI

Quand la liturgie romaine eut enfin triomphé en France de toute étreinte du jansénisme, et fut rétablie dans le diocèse de Dijon, M. le curé de Nuits s'appliqua à faire revivre l'exécution des chants liturgiques par les masses.

Dans cette pensée, il établit l'*association du chant paroissial*. Un règlement rédigé par lui et imprimé fut élogieusement approuvé par monseigneur l'évêque du diocèse, qui accorde quarante jours d'indulgence à tous ceux qui concourent à ces chants.

VII

Avec l'aide de ses vicaires, il constitua

(1) Le lendemain de cette scène émouvante, mon ami vint se reposer pendant quelques jours auprès de moi : c'est dans nos causeries du coin du feu qu'il me raconta ce que je rappelle ici en l'abrégeant et sans autre guide que mes souvenirs.

une *maîtrise* pour rehausser le chant religieux, et donner aux enfants des notions de musique, tout en les rattachant aux pratiques religieuses. Peu d'heures avant sa mort, il donnait l'ordre d'acheter, à l'usage de cette œuvre, un local pour lequel il avait des fonds préparés.

VIII

En 1866, il avait créé *l'œuvre des tabernacles,* dont le but était de venir en aide à la fabrique, accablée par ses charges. Des dames charitables eurent mission de s'entendre pour faire face à tous les besoins des linges et ornements de l'église.

Chaque année, au mois de mai, conformément aux statuts, il réunissait les membres des diverses sections, et s'efforçait d'enflammer leur zèle pour la décoration de l'Eglise et la confection des reposoirs de la Fête-Dieu.

IX

La diffusion des mauvais livres a pris, en France, des proportions vraiment effrayantes. Le goût de la lecture s'est développé dans toutes les classes sociales. Il y a là un danger auquel il faut parer, en mettant à la portée de tous, des ouvrages où la moralité soit protégée, et où les doctrines religieuse et sociale ne soient point perverties.

Pour écarter les lectures malsaines, M. le curé mit à la disposition de tous une *bibliothèque paroissiale*. Il choisit lui-même les livres qui durent y entrer et les examina soigneusement. Il fut admirablement secondé dans cette œuvre, par une personne pieuse et éclairée, qui a le mérite d'avoir contribué à rendre, sans se lasser jamais, des services appréciés.

X

Les prédications extraordinaires ont la puissance d'attirer à l'église même les tièdes et les indifférents. Chaque année, surtout depuis l'altération de sa santé, il faisait prêcher, par un prédicateur étranger, une *station quadragésimale*. Il avait à cœur de laisser, en mourant, des ressources pour contribuer à fonder, en faveur de sa paroisse bien aimée, cette œuvre dont il sentait tout le prix.

XI

La classe la plus digne de commisération ne pouvait échapper à sa sollicitude. L'*évangélisation des pauvres*, que le Sauveur donnait comme une preuve de la divinité de sa mission (1), devint une institution spéciale. Il avait disposé à l'église des bancs

(1) Pauperes evangelisantur. (S. Math.)

gratuits, qui leur étaient exclusivement ré-
servés, et où ils étaient à l'aise comme chez
eux.

Aussi longtemps que ses forces le lui permirent, il les réunissait, chaque semaine,
dans la maison des sœurs de charité, et leur
servait lui-même le pain de l'âme avant la
distribution des secours matériels qui leur
était faite. Ses allocutions familières, variées, anecdotiques, toutes parfumées de
tendresse, égayaient ces vieillards et portaient doucement dans leurs cœurs, trop
souvent ulcérés, la résignation et l'espérance (1).

XII

L'œuvre des *petites layettes* ou des *jeunes
économes*, fondée par Madame de Lupé,

(1) M. l'abbé Garnier jouait quelquefois avec ses vieux
pauvres, qu'il cherchait à égayer. Dans la salle des conférences se trouvait un placard large et profond. Quand l'un
des mendiants était en retard, il devait se placer dans ce
lieu, dénommé salle de police. Ce jeu les amusait. Un jour
M. le Curé fut retenu par un office impérieux et arriva après
l'heure réglementaire. « Je suis en défaut, dit-il, je dois subir le placard. » Et les vieux pauvres de rire, tout en le conjurant de sortir de ce lieu, qui n'était pas pour lui.

sous l'administration de M. l'abbé Sauvageot, a été soutenue par M. Garnier et est
devenue de plus en plus prospère. Des
jeunes personnes charitables y confection-
nent des trousseaux pour les enfants qui
appartiennent à des familles pauvres ou
surchargées.

A quoi bon faire l'éloge de cette institution,.dont personne ne peut contester l'évidente utilité.

XIII

L'enseignement de la jeunesse ne pouvait échapper à son zèle. Peu de temps
avant son arrivée à Nuits, un établissement d'instruction primaire venait d'être
confié aux *frères des écoles chrétiennes*. Il
était en but à d'ardentes contradictions.
M. le curé s'employa à le défendre et à assurer son existence ; des fonds furent recueillis,
un local fut acheté et approprié à sa des-
tination. Des difficultés de plus d'un genre
durent être vaincues ; le personnel de l'école

se trouva enfin dans de bonnes conditions, et le bien put se produire à la satisfaction de tous.

M. l'abbé Garnier a été puissamment secondé, pour l'institution des frères, par le syndicat et particulièrement par M. Louis Thomas, homme de bien par excellence, caractère conciliant, aussi élevé que modeste, d'une bonté infatigable et d'un admirable dévouement. Quoique chargé d'une nombreuse et très-intéressante famille, il était de toutes les bonnes œuvres et s'occupa particulièrement de l'institution des frères, dont il fut l'un des principaux fondateurs.

M. Louis Thomas jouissait d'une grande et universelle considération ; sa mort prématurée provoqua une véritable émotion à Nuits, et de profonds regrets aux cœurs de tous ceux qui le connaissaient.

Je suis heureux de rendre ce témoignage mérité, à cet homme d'un autre âge, de sentiments si distingués, auquel j'ai été uni, jusqu'à son dernier jour, par une amitié pleine de charmes, et dont le souvenir me restera toujours cher.

M. Garnier le regretta comme un paroissien modèle et un auxiliaire fidèle, et il le pleura comme un ami.

XIV

A toutes ces œuvres locales auxquelles son zèle savait suffire, qu'on nous permette, en passant, d'en noter une autre toute petite, à peine aperçue, qui fut une joie véritable et un repos pour le curé devenu vieux.

Durant les beaux jours, vers le soir, après les fatigues des offices du dimanche, il se transportait dans un quartier de la ville désigné d'avance : c'était une visite à ces tout petits enfants que le Sauveur Jésus invitait si affectueusement à s'approcher de lui. Il était toujours attendu avec impatience.

Le père de la famille paroissiale arrivait, le sourire aux lèvres, et distribuait une médaille à l'un, à l'autre une petite croix, des bonbons à tous. Quelle joie ! quelles exclamations ! Le bon curé adressait un mot aux pères, aux mères, et tous se retiraient charmés ; et le vieux curé n'était pas moins heureux que les petits enfants.

XV

En dehors des œuvres paroissiales, il faisait germer ou s'épanouir, sous la chaleur de ses exhortations, les œuvres d'intérêt général qui ont toujours trouvé à Nuits une coopération généreuse.

Il classait ainsi, selon leur importance, ces diverses œuvres auxquelles tout catholique est tenu, disait-il, de concourir dans la mesure de ses forces.

1° *Le denier de Saint-Pierre.* — Dès le début du grand pontificat de Pie IX, le plus sage réformateur qui fût jamais et bientôt le plus indignement trahi, M. l'abbé Garnier s'identifia avec son chef suprême, partageant, dans ses persécutions, les angoisses du monde catholique. S'il payait assidûment le tribut de ses prières, il n'oubliait jamais les besoins du chef de l'Eglise, spolié de ses domaines. Il faisait entendre pour cette sainte cause, à la charité filiale de ses paroissiens, d'éloquents appels toujours entendus. La ville de Nuits a eu l'honneur de figurer chaque année, au premier rang, dans les secours offerts par le diocèse à la grande victime de notre siècle. Même après nos désastres, en 1872, ces offrandes s'élevaient au chiffre de 2,000 francs (1).

Le denier de Saint-Pierre est de nos jours un devoir auquel nul catholique ne doit demeurer étranger. La dignité et la grande mission du vicaire de Jésus-Christ l'exigent pour les besoins du gouvernement universel de l'Eglise.

2º *L'œuvre des Séminaires.* — Après le soutien impérieusement dû au Souverain Pontife, il plaçait l'œuvre des Séminaires.

---

(1) La quête du denier de Saint-Pierre s'élevait annuellement de 1,000 à 1,200 francs. Les malheurs de la guerre n'ayant pas permis qu'elle eût lieu en 1871, la charité nuitonne ne voulut pas que les besoins du Saint-Père en souffrissent, et ce qui n'avait pas été versé en 1871 se retrouva en 1872.

La religion du Christ a pour représentant et pour interprète l'Eglise enseignante. Il est donc d'une absolue nécessité de pourvoir au recrutement du clergé. Maintenant qu'au lieu de riches bénéfices, les ministres du culte n'ont plus à espérer en ce monde que les privations, et trop souvent l'insulte, les grandes familles ne lui donnent leurs fils que par exception. Comme aux premiers jours du christianisme, Dieu fait cet honneur aux ouvriers, aux travailleurs, de choisir de préférence, parmi leurs enfants, ses ministres et ses représentants sur la terre. Dans ce temps de démocratie, la Providence semble avoir voulu faire du prêtre la pierre de touche des vrais démocrates, dans les égards qu'ils sauront garder envers les ministres de l'Eglise; il se nommerait vainement l'ami du peuple, celui qui injurie le prêtre sorti des entrailles du peuple.

Mais si une foi courageuse et le véritable dévouement se trouvent au cœur des fils de l'ouvrier, les ressources nécessaires aux longues études du prêtre font souvent défaut. Le gouvernement, qui dote si généreusement les colléges et les lycées avec l'argent de la France, et paie de grosses pensions pour les élèves boursiers dont elle leur réserve exclusivement la clientèle privilégiée, ne fait pas le plus léger sacrifice pour les élèves les plus pauvres des petits séminaires.

Il faut donc pourvoir à ce besoin : c'est pour cela que les évêques français ordonnent une quête annuelle dans toutes les églises de leur diocèse.

Chaque année, M. le Curé faisait à ses paroissiens le tableau des graves intérêts que cette quête est appelée à défendre en faveur même des paroisses et des âmes. Sa parole était toujours entendue, et la ville de Nuits donnait en moyenne annuellement 1,000 francs à cette œuvre.

Dans son amour pour l'Eglise, il avait conçu un projet dont l'utilité ne saurait être contestée, et dont la réalisation paraissait facile. Il eut voulu que les curés de chaque canton s'entendissent pour recueillir autour d'eux des souscriptions destinées à payer la pension d'un ou de plusieurs enfants, choisis parmi les meilleurs, et envoyés par eux au petit séminaire. Ces élèves eussent été les *boursiers cantonaux*.

Nous avions ensemble rédigé un projet de statuts qu'il envoya à l'Evêché.

Cette idée n'a pas été réalisée, mais les circonstances l'imposeront peut-être dans un avenir peu éloigné, et il est juste de lui laisser le mérite de l'initiative.

L'Université catholique. — En présence de l'enseignement hostile au catholicisme, donné dans les facultés de l'Etat, les pères de famille avaient réclamé avec une instance plus pressante, au nom de la liberté et de la conscience catholique, le droit imprescriptible d'ouvrir des écoles d'enseignement supérieur, pour y faire donner à leurs enfants des leçons qui ne porteraient point atteinte à leur foi religieuse.

Des pétitions en ce sens furent adressées à l'Assemblée nationale ; la presse discuta cette question à tous les points de vue. Le droit des pères de famille fut victorieusement établi. Une loi fut proposée, combattue par les tenants de l'université, et finalement adoptée.

Les établissements universitaires, soutenus par les fonds du budget de l'Etat, conservaient toutes les faveurs et tous les priviléges. Seulement il était loisible aux Français qui le voudraient, d'élever des facultés libres pour l'enseignement supérieur. Pour arriver à ce résultat, des sommes considérables étaient nécessaires. Les évêques des diverses contrées de la France se réunirent et firent un appel qui fut généreusement accueilli par les catholiques.

Monseigneur de Dijon adressa une circulaire au clergé et aux fidèles de son diocèse, en faveur des *facultés libres* qu'il s'agissait d'établir à Lyon, chef-lieu de notre province ecclésiastique.

M. l'abbé Garnier, que nous avons vu, jeune prêtre, apprécier si haut et favoriser de tout son pouvoir l'enseignement catholique, se mit immédiatement à l'œuvre, malgré l'épuisement où les fatigues et la maladie l'avaient réduit.

Le premier il adressa une souscription de 200 fr. à la *Chronique religieuse* de Dijon. En même temps il constitua à Nuits un comité cantonal d'hommes dévoués, pour recueillir des fonds dans le même but en faveur de l'*Université catholique* de Lyon. Nous reproduisons ici l'appel de ce comité, qui fut publié dans la *Chronique religieuse* de Dijon et dans l'*Echo de Fourvière*. Cette pièce indique l'organisation de l'œuvre, et la générosité des premières souscriptions où M. le Curé figure honorablement.

« Le comité cantonal de Nuits, institué
« conformément à la circulaire de Mon-
« seigneur l'Evêque de Dijon, pour agir en
« faveur de l'œuvre de l'Université catho-
« lique de Lyon, vient d'ouvrir une sous-
« cription chez son trésorier, M. Philippe
« Thomas, négociant.

« Déjà la quête faite par ordre de Mon-
« seigneur, après la publication des deux
« mandements concernant la fondation de

« la nouvelle Université, a produit dans
« la seule paroisse de Nuits la somme de
« cinq cent cinquante francs.

« Les membres du comité, pour montrer
« l'exemple, se sont inscrits en tête du re-
« gistre de la souscription, et le total de
« leurs cotisations arrive au chiffre de deux
« mille six cents francs ; partie de cette
« somme est déjà versée, et partie est paya-
« ble en cinq ans par annuités, à échéances
« fixes.

« Le comité de Nuits s'en rapporte à
« l'intelligence et à la générosité des popu-
« lations du pays ; il espère qu'elles ne s'en
« tiendront pas au simple résultat de la
« quête, si modique, quand on songe à
« l'importance de l'œuvre.

« Ne s'agit-il pas du relèvement de la
« France, par l'exercice complet du droit
« d'enseigner dévolu à la sainte Eglise ? Le
« diocèse de Dijon, où sont nés saint Bernard,
« Bossuet, Lacordaire, et tant d'autres saints
« et éminents champions de l'Eglise, parti-
« culièrement cette portion du diocèse où a

« commencé et s'est développé le grand
« Ordre de Cîteaux, ne doivent pas déroger
« et moins faire que ces autres diocèses de
« France, où l'appel des Evêques et du Sou-
« verain Pontife a trouvé un accueil si
« généreux et si spontané. »

Propagation de la Foi. — Après ces
œuvres plus particulièrement françaises,
il recommandait la Propagation de la Foi et
la Sainte-Enfance, pour soutenir nos généreux missionnaires qui abandonnent tout,
pour porter la lumière évangélique aux peu-
plades sauvages ou ignorantes, donnant,
quand il le faut, joyeusement leur vie pour
exalter leurs croyances et leur amour pour
Dieu, et pour conquérir des âmes à Jésus-
Christ. La paroisse de Nuits s'est fait remarquer encore par ses largesses en faveur de
ces institutions catholiques. M. le Curé donnait une grande pompe à la messe annuelle
qu'il célébrait pour les bienfaiteurs et le succès de ces œuvres.

CHAPITRE IX

I

La ville de Nuits, gracieusement assise au pied des montagnes qui l'abritent à l'ouest, descend toujours, en se développant, du côté de la plaine. La vieille église paroissiale de Saint-Symphorien se trouve reléguée à l'extrémité du faubourg, insuffisante pour la population notablement augmentée, dont elle se trouve très-éloignée.

Cet éloignement avait pour ainsi dire imposé la chapelle Saint-Denis, plus centrale, où des messes étaient célébrées chaque jour. Mais cette chapelle avait des proportions très- restreintes. Aucune grande cérémonie ne pouvait y avoir lieu. C'était une vaste salle, sans style et même sans clocher.

La première pensée de M. l'abbé Garnier fut d'abord de restaurer Saint-Denis, et de l'enrichir d'un clocher pour y placer des cloches et donner au monument un aspect religieux.

Un plan avait été dressé, les approbations obtenues, les souscriptions ouvertes, des sommes recueillies. On était aux premiers mois de 1852.

Tout à coup une grande chrétienne de Nuits, comme inspirée d'en haut, après avoir fait un don assez considérable pour l'édification du clocher, dit à M. le curé :

« Au lieu d'un clocher, pourquoi ne pas élever une église tout entière, plus conforme aux besoins de la paroisse ? (1) »

(1) Mademoiselle Louise Moissenet est morte à un âge avancé, quelques semaines seulement avant M. l'abbé Garnier, qu'elle a secondé dans toutes ses œuvres paroissiales. Sa longue vie a été un modèle de modestie et d'admirables dévouements à sa famille, aux pauvres, et à tous les intérêts

Ce projet était audacieux et téméraire, alors que les ressources de la ville et de la fabrique étaient nulles, et qu'il avait fallu d'assez grands efforts pour faire face à la modique dépense d'un simple campanile ; le devis de l'architecte ne s'élevait pourtant qu'à la somme de 5,197 fr. 32 centimes.

M. le curé avait bien eu tout d'abord la pensée de remplacer la chapelle Saint-Denis par une véritable église, destinée à devenir l'église paroissiale, au centre de la population. Mais ne pouvant compter sur le secours du modeste budget de la ville, il craignait de ne pouvoir conduire à bonne fin une si grande entreprise, avec les seules ressources de la charité.

Sur la parole qui lui avait été dite, il pria et fit prier, consulta autour de lui et finit par se confier entièrement à la générosité catholique de ses paroissiens. L'administra-

religieux. Femme pleine de sens et d'excellent conseil, elle vivait de peu pour donner beaucoup. Elle a su faire un grand bien humblement et sans bruit.

tion diocésaine approuva et bénit sa pieuse témérité.

Les membres du conseil de la fabrique s'empressèrent de favoriser ce projet et se constituèrent en *commission de l'église*, pour pouvoir agir sans les formalités administratives, mais sous leur responsabilité personnelle.

Ce comité était composé de personnes considérables, d'une honorabilité incontestée. Il a compté parmi ses membres : MM. Marey de Gassendi, Marey Félix, Louis Thomas, Misserey, A. de Grandry, Golmard-Sauvageot, E. Méray, Roux, Guyton, etc.

M. *Saint Père,* architecte à Paris, voulut bien se charger des plans et devis, en donnant son travail à l'œuvre de l'Eglise. C'était une large offrande.

II

M. le curé se chargea de provoquer lui-même les souscriptions de ses fidèles paroissiens.

Sa voix trouva un écho vraiment admirable. Le chiffre de ces dons volontaires s'éleva à environ 150,000 francs.

Il était juste de signaler à la reconnaissance de l'avenir les noms des souscripteurs de la paroisse de Nuits.

Aussi tous ces noms ont été inscrits sur un registre et déposés dans les archives de la fabrique, où ils seront religieusement conservés, comme un titre d'honneur et de foi qu'il est bon de laisser aux descendants de ces familles.

Je ne puis les reproduire ici, car il me faudrait écrire les noms de presque tous les habitants de la ville.

Il en est un certain nombre qui, pour des motifs divers et fort respectables, ont demandé à garder l'anonyme et qui, dans des positions relativement modestes, ont donné, en plusieurs versements, jusqu'à deux mille, douze mille et même vingt-cinq mille francs et plus. Dieu les connaît et le but principal est atteint.

Un certain nombre de personnes, par leur zèle à placer des images en faveur de l'église à édifier, réunirent des sommes considérables.

Il n'est pas permis de ne pas faire une mention personnelle de Madame Zulime Bailly-Rameau, qui, comme Mademoiselle Louise Moissenet, consacra tout son temps, toute son activité, toutes ses forces à l'œuvre de l'Eglise (1).

De simples ouvriers ont voulu concourir à l'édification de leur église; des hommes de tous les partis, comme de toutes les conditions, y ont apporté leur pierre, donnant ainsi un témoignage authentique de leur foi.

(1) Madame Zulime Bailly-Rameau, sœur de M. Rameau, maire de Versailles et vice-président de la chambre des députés, se dévoua corps et âme à la construction du clocher, puis de la grande église Notre-Dame. Elle insista auprès de M. le curé, afin de le déterminer à cette grande entreprise, pour laquelle elle offrait son plus actif concours.

Elle mit à profit ses anciennes relations de famille avec des personnages alors influents, pour obtenir leur puissant appui auprès du gouvernement et leurs offrandes personnelles.

Elle adressa une requête à M. Aug. Nicolas, alors à la direction des cultes. Le célèbre auteur des *Etudes philosophiques* lui répondit, le 22 mai 1852, par une promesse de secours.

Il était impossible pourtant que la population de la petite ville de Nuits pût seule, malgré ses largesses, suffire au demi million nécessaire.

Lorsque M. le curé eut obtenu de sa paroisse tous les secours qu'il était possible

« Vous ne pouviez, Madame, écrit-il, arriver à mon intérêt « par un chemin plus sûr que le souvenir de votre respec-« table et excellente mère.

« Si mes bonnes dispositions pouvaient suffire pour le suc-« cès de la demande à laquelle vous vous intéressez, ce succès « serait assuré. Mais la dispensation des secours est soumise « à des conditions qu'il ne dépend pas de moi de faire plier.

« La première de ces conditions, c'est que le secours ne soit « qu'un supplément de ressources pour *aider* les communes, « et qu'une partie de la dépense soit faite par conséquent « par celles-ci.

... « Je me félicite, Madame, d'avoir cette occasion de vous « témoigner tous les sentiments particuliers d'affectueuse « sympathie que ma famille a gardés pour la vôtre... etc.

A. Nicolas.

— Madame Bailly écrivit également à M. le général de Saint Arnaud, ministre de la guerre, avec qui elle avait eu d'étroites relations de famille dès son enfance. Le général lui répondait, le 15 mai 1852 :

« Chère Zulime, je vous envoie la lettre que je viens de re-« cevoir du ministre des cultes ; elle vous prouvera que je « m'occupe de vous, et que, ce qui est possible, je le fais...

« Adieu, toujours à vous.

« Général de Saint Arnaud. »

Le ministre des cultes, M. Fortoul, promettait de tenir compte de la recommandation de son collègue à la guerre. La promesse était vague. Madame Bailly insista auprès du général, ne se contentant pas du tout, disait-elle, de l'eau

d'en attendre, il organisa une quête dans l'univers entier, en s'adressant à la charité fraternelle des catholiques de toutes les parties du monde.

Une circulaire fut rédigée par lui. Des dames, entièrement dévouées à l'œuvre,

bénite de cour que les bureaux des ministères donnent volontiers. Le général lui répondit le 24 mai :

« Chère Zulime, ne dites plus de mal du ministre des cultes « ni de moi. Je vous envoie la preuve que tous deux nous « sommes vos serviteurs, et très-désireux de capter la bien-« veillance de la ville de Nuits.

« Voici 2,400 francs pour votre clocher, trouvez le reste et « bâtissez-en un aussi haut que la tour de Babel.

« A vous de cœur,

« Général DE SAINT ARNAUD. »

Quand le projet de construire une église entière, et non plus seulement un clocher, eut été arrêté, on abandonna les 2,400 francs offerts par le ministre des cultes, dans l'espoir d'une subvention plus importante.

Le général de Saint Arnaud avait fait une offrande personnelle ; Madame Bailly lui fit connaître l'abandon du clocher et mit son offrande à sa disposition.

M. le ministre de la guerre lui répondit immédiatement :

« Chère Zulime, vous chantez plus gaiement que je ne l'au-« rais cru le *de profundis* de votre clocher. C'est philosophe... « Patience, nous y reviendrons.

« Faites ce que vous voudrez des 100 francs que je vous « ai donnés. Par votre main ils seront toujours bien placés.

« J'ai un nouveau chagrin, ma mère est fort malade et je « suis très-inquiet.

« Adieu et de tout cœur à vous,

« Général DE SAINT ARNAUD. »

transformèrent leur demeure en *ateliers épistolaires* et y réunirent autant de personnes qu'elles purent, afin de multiplier, en la copiant, la lettre d'appel. On écrivait dans les communautés, dans les pensions, dans les écoles, partout, à Nuits et au dehors de Nuits. L'entrain était extrême.

Bientôt les plumes ne pouvant suffire, M. le curé fit autographier sa lettre, qui fut expédiée par milliers.

Le bureau de poste de Nuits fut tellement accablé, que le titulaire reçut une augmentation de traitement.

Madame Bailly-Rameau a été une maîtresse ouvrière de l'église. Elle n'oublia aucun des membres de sa famille ni des amis de sa famille ; elle s'adressa à tous ceux qu'elle avait connus elle-même et à un très-grand nombre d'inconnus. Sa coopération, admirablement zélée, attira à l'œuvre de l'église Notre-Dame des sommes considérables. Elle y contribua largement de sa bourse ; pendant plusieurs années, son temps fut tout entier consacré à écrire ou à expédier des lettres d'appel. M. le curé fit d'inutiles efforts pour tempérer son ardeur. Enfin, épuisée, elle succomba à la fatigue et fut frappée d'une paralysie qui lui enleva la parole et presque le mouvement.

Femme d'un cœur admirable, d'une éminente délicatesse ! Nature d'élite, qui tranche avec l'égoïsme et l'ambition d'un trop grand nombre ! Se dévouant sans limite, jusqu'à l'épuisement, jusqu'à la mort !

Celui qui écrit ceci a vu de près cette belle et riche nature, qui forçait l'attachement et l'admiration. Il lui devait ce juste témoignage.

En même temps, des prières montaient nombreuses vers le ciel, demandant à Dieu de disposer les cœurs à accueillir favorablement cet appel fait en son nom, pour sa gloire et pour le bien des âmes.

Cette forme de souscriptions charitables était alors peu usitée. Quel écho répondrait à cette tentative ? Quel résultat allait-on obtenir ?

La foi nuitonne ne fut pas trompée. Bientôt chaque jour apporta des réponses et des offrandes en grand nombre.

Trente-trois archevêques et évêques envoyèrent leur bénédiction et leur souscription. Outre Mgr Rivet, évêque de Dijon, nous citerons leurs Eminences les cardinaux Morlot, archevêque de Paris ; Mathieu, archevêque de Besançon ; Gousset, archevêque de Reims, Donnet, archevêque de Bordeaux ; Deschamps, archevêque de Malines (Belgique) ; de Langalerie, archevêque d'Auch ; Collet, archevêque de Tours ; de la Tour d'Auvergne, archevêque de Bourges ;

Dupanloup, évêque d'Orléans ; Pie, évêque de Poitiers ; de la Bouillerie, de Ségur, etc., etc.

Un grand nombre d'ecclésiastiques et de communautés religieuses répondirent également à cet appel, particulièrement les Sacrés-Cœurs, les Visitations, les Carmels, les Trappes, les Chartreuses. La Grande Chartreuse, près Grenoble, envoya 750 fr.

Les personnages les plus haut placés, les hommes les plus illustres dans les lettres, dans la science, dans les arts, figurent sur le registre des bienfaiteurs de l'Eglise (1).

(1) Marie-Amélie, ex-reine des Français.
L'empereur de Russie.
L'impératrice de Russie.
Mlle Pauline de Bartenief, dame d'honneur de l'impératrice
    de Russie.
Le prince Edmond Radziwill (Breslau).
Le prince George Labkovitz (Bohème).
La princesse Vera-Pau.
L'illustrissime signor César Cantu (Italie).
Abdel-Kader.
La princesse Giedroyé (Pologne).
MM. Le docteur Krammer (Amsterdam).
    Rojewski, officier polonais.
    Batiste Nazareth, banquier (Constantinople).
Mme la comtesse de Hemptime (Bruxelles), morte depuis
    en odeur de sainteté.
MM. Les élèves du Sacré-Cœur de Dublin (Irlande).
    Félix Hélouïs, consul général d'Egypte (Alexandrie).

A côté de noms plus connus et plus illustres, que de gens ont apporté leur obole, non moins sainte et non moins précieuse ! C'est un ouvrier, père d'une famille nombreuse,

Mme la comtesse Doria de Balsorano (Naples).
MM. F. de Balsorano (Naples), enfant de huit ans.
    Annoche Géhail Asfar, de Bagdad (Asie-Mineure).
Mme Anastasie de Kirikoff (Russie).
MM. le baron de La Faille, sénateur (Gand, Belgique).
    Jacques Alléon, comte du Saint-Empire (Constantinople).
    L. Sully (Martinique).
    Thiers, devenu président de la République française.
    Guizot, ancien ministre.
    Comte de Falloux, ancien ministre.
    Comte Ch. de Montalembert.
    Keller, député.
    Claudius Lavergne.
    Louis Veuillot, rédacteur en chef de l'*Univers*.
    Henri de Cathelineau.
    Comte de Cairon (Calvados).
    Comte de Surigny-Prissé (Saône-et-Loire.
    Marquis de Bellenave.
    Comte de Charbonnel.
    Th. Foisset, conseiller à la Cour de Dijon.
    Marquis du Bourg.
Mme Riambourg, veuve du président.
MM. le duc de Fitz-James (Paris).
Mme la marquise de Boissère (Belgique).
    le marquis Lejosne-Coutray, près d'Arras.
Mlle d'Hubert (Amiens).
Mme de Givenchy (St-Omer).
M. Léon Lillo, banquier (Paris).
Mmes la marquise Aymard de la Chevalerie.
    la comtesse de Bourbon-Busset.
M. de Foulques, château de Fonteuil.
Mmes la comtesse de Bourbon de Gontaut.
    la comtesse de Bourbon-Chalus.
    la comtesse Drohojowska (Paris).
    Erasu (Paris).

qui envoie le prix de la première journée de sa fille aînée; c'est un artiste en détresse, qui donne son dernier sou, afin que *Dieu remette sa barque à flot;* c'est un ardent chrétien, qui recommande aux prières de M. le

MM. Darjon (Paris), qui fit don des premiers fonds consacrés à l'ostensoir.
    prince Adam Czartoriski.
    Hisson de Mortagne.
    Doé de Maindreville (Amiens).
    prince Joseph Sapieha.
    Roca d'Huyteza (Perpignan).
    Ch. Brouty, architecte (Paris).
    Mme Bellanger (Paris).
    Constantin Bonnin (Nice).
    le marquis de Beurnonville.
    le duc de Larochefoucauld-Bisaccia.
    A. Coze (Strasbourg).
    De Lestre (Basses-Pyrénées).
    Dufay, de Mulhouse.
    Adolphe Geylez d'Ismaïla (Egypte).
Mlle Marie de Catelineau.
Mmes Evain (Redan).
    la marquise de Pimodan.
    la comteste de Bourblanc (Paris).
M. Thibaut, peintre-verrier (Clermont).
Mmes la comtesse Bouët-Villaumez (Maisons-sur-Seine).
    la baronne de Copis (Belgique).
M. le vicomte Molitor, secrétaire d'ambassade.
Mmes la baronne de Frénilly.
    Marie de Guérin, sœur d'Eugénie, au château de Cayla.
    la comtesse de Maistre.
M. d'Ersu (Laon).
Mme la baronne de Barante.
M. Marcellin Bonnin (Nice).
Mme la duchesse de Sozzo di Borgo.
MM. le comte de Nonant (Poucé).
    le baron et la baronne de Rotschild.
Mme la princesse Marie Sulkowska.

curé un de ses amis de la religion juive, pour obtenir sa conversion; sa lettre encore inachevée, la plume lui tombe des mains et il meurt foudroyé. Malgré sa douleur, sa veuve termine la lettre, envoie une belle offrande, en invoquant à son tour des prières pour l'âme de son mari et pour ses petits enfants, privés de leur père. C'est un catholique de l'Asie, qui envoie le produit d'une collecte faite par lui auprès de ses frères; c'est un enfant de huit ans, qui prélève des sommes successives sur ses menus plaisirs et les envoie pour l'église de Nuits. Les lettres qui accompagnaient les offrandes composeraient une histoire édifiante. Plu-

MM. Le comte de Faucigny.
Le marquis de Clermont-Tonnerre
Le duc de Sabran-Pontevès.
Le duc d'Harcourt.

Je m'arrête. Un volume ne suffirait pas à rappeler les noms de toutes les personnes qui sont venues librement apporter leur religieux concours à la construction de l'église de Nuits. Ces noms sont conservés dans le *livre d'or* de la fabrique, pour perpétuer la reconnaissance des fidèles de la paroisse.

Les messes promises et fondées à leur intention sont annoncées au prône et célébrées avec une parfaite exactitude. Chaque dimanche, les bienfaiteurs de l'Eglise sont également recommandés aux prières de l'archiconfrérie du saint et immaculé cœur de Marie.

sieurs de ces lettres ont été lues en chaire, au milieu d'une émotion générale produite par elles. Cette correspondance a été une grande consolation et un soutien pour M. l'abbé Garnier, au milieu des difficultés et des peines qu'il a rencontrées dans la réalisation de cette œuvre si importante (1). Il a reçu, de gens inconnus de lui, des confi-

(1) Nous citons ici quelques fragments de lettres reçues. Les sentiments qui s'y trouvent font honneur à l'humanité, et contrastent avec le langage de certains chrétiens toujours prêts à blâmer tout ce qui se fait en faveur de la religion et des âmes.

New-York, 31 mai 1853.

Monsieur,

Je suis très-flatté que vous me considériez toujours comme un enfant de Nuits. Durant mon absence, vieille de 40 ans, dans ma bonne comme dans ma mauvaise fortune, je puis dire que je n'ai jamais perdu de vue ma ville natale, l'église de Saint-Denis est indentifiée à mon existence. C'est là où j'ai fait ma première communion. Ce jour solennel, la cérémonie religieuse, l'intérieur, l'arrangement de l'église, tout cela est présent à mon esprit, comme d'hier, et fait un tableau qu'il me coûte de voir détruire.

Mais puisque les besoins de la ville exigent une église plus spacieuse, je suis doublement heureux que la Providence, en me prodiguant ses bienfaits, me mette en état de contribuer à votre pieuse entreprise.

Je prie aujourd'hui M. Odier, banquier à Paris, de tenir à votre disposition 2,500 fr. Si plus tard, il manque encore quelque chose, je serai prêt à doubler ma souscription.

Agréez, etc.

COTTENET.

dences qui l'ont initié à leur vie, et ont attiré des conseils et des consolations dont j'ai retrouvé l'expression d'une touchante reconnaissance.

Après de longs et laborieux efforts, M. l'abbé Garnier avait pu réunir, pour la cons-

Paris, 17 novembre 1862.

Monsieur le Curé,

En vous envoyant ma modique offrande, je dois vous remercier de me donner l'occasion de faire un acte d'humilité, en même temps qu'un acte de charité.

… Je n'ai pour m'enrichir qu'une clientèle de pauvres curés qui travaillent comme moi pour l'amour de Dieu. Je ne vous envoie qu'un grain de sable, mais Dieu le pèsera…

Agréez, etc.

Claudius LAVERGNE.

Bordeaux, 6 avril 1863.

Monsieur le Curé,

Lorsqu'on a le bonheur et le mérite de se faire mendiant pour notre Seigneur, on ne doit jamais être tout-à-fait refusé. Je m'empresse donc de vous offrir mes remerciements de m'avoir présenté l'occasion de faire une petite bonne œuvre.…

Recevez, etc.

FORGÈRE.

Mulhouse, 25 mars 1864.

Monsieur le Curé,

Quand, suivant les paroles de Jésus-Christ, on demande en son nom et à celui de sa Sainte-Mère, surtout le vendredi saint, on doit recevoir. Recevez donc le mandat ci-inclus.

Agréez, etc.

DEFAY.

---

truction de son église Notre-Dame, la somme de quatre cent cinquante et un mille cent quatre-vingt-dix-sept francs trente centimes (451,197 fr. 30 c.). L'Etat a donné 15,000 fr. et la ville a versé également 12,000

Paris, 4 juin 1862.

Monsieur le Curé,

C'est une belle œuvre que celle que vous avez entreprise, et l'on ne saurait trop vous en féliciter. Aussi vous suis-je reconnaissant d'avoir bien voulu penser à me demander d'y prendre part.

.... Veuillez recevoir la petite offrande ci-incluse, comme une preuve de l'intérèt que je prends à votre œuvre.

Veuillez agréer, etc.

Ch. de MONTALEMBERT.

———————

M. l'abbé Garnier a trouvé de l'écho dans les âmes élevées et croyantes, même en dehors du catholicisme.

Le célèbre M. Guizot, protestant, ancien ministre de Louis-Philippe, lui écrivait le 1er décembre 1862.

Monsieur,

Je vous envoie ma bien modeste offrande pour votre église, avec le regret de ne pouvoir y contribuer plus efficacement, et je vous souhaite le succès que méritent vos pieux efforts.

Recevez, etc.

GUIZOT.

———————

Biaritz, 24 septembre 1867.

Monsieur,

Je ne suis pas catholique. Par ma religion j'appartiens à l'église grecque. Privée des consolations de notre église, je suis heureuse de satisfaire à une demande faite au nom de Notre Seigneur.... Je suis originaire de la petite Russie....

francs, mais a reçu une concession importante de terrain, devant et autour de l'église. Dans ces sommes diverses se trouvent comprises les dépenses nécessitées pour l'achat des autels, pour l'ornementation de

Tout est brisé autour de moi et dans moi-même. Mais je crois à l'efficacité d'une prière chrétienne, et comme la prière du prêtre prend une force toute puissante dans le sacrement dont il se nourrit, je vous demande vos prières pour un cœur brisé.

Agréez, etc.

A. V.

Je termine par la lettre d'un simple ouvrier, digne de figurer à côté de celles des savants, des riches, des ministres et des pairs de France.

Avignon, novembre 1868.

Monsieur le Curé,

Je voudrais être riche, assez riche pour pouvoir vous dire : « Achevez votre église, achevez-la bien belle, ma bourse est assez bien garnie, vous y trouverez tout ce qu'il vous faut et elle est à votre disposition, c'est-à-dire à la disposition du bon Dieu. » Mais hélas! je ne suis qu'un pauvre raccommodeur de souliers qui fais peu de besogne, car j'ai un œil entièrement perdu, et celui qui me reste est en assez pitoyable état. Cependant, et Dieu en soit béni, somme toute, mon petit travail et mes 25 francs de rentes annuelles me suffisent pour ne pas mourir de faim. Il m'arrive même parfois de ne pas être obligé de toucher à ces rentes pour payer le boulanger. C'est ce qui, grâce à Dieu, a lieu en ce moment, et voilà pourquoi, au lieu de servir à payer mon pain du semestre, les 12 fr. 50 ci-inclus iront ajouter une modeste pierre à votre belle église. Qu'elle y soit un témoignage perpétuel de la reconnaissance du pauvre savetier auquel, malgré bien des épreuves et des temps fort difficiles, Dieu n'a jamais refusé le pain de chaque jour, et le lui

la crypte et ses fermetures, l'appui de communion, la chaire à prêcher, le banc d'œuvre, les tambours des portes, les sculptures, les abat-sons, les statues, les peintures, le jeu d'orgues, les sculptures du tympan, un riche ostensoir, la belle lampe du sanctuaire, ainsi que pour l'achat des maisons démolies, etc., etc.

Plusieurs travaux n'étaient point terminés encore au moment de sa mort; mais les plans étaient arrêtés, les marchés étaient passés; il restait encore 24,500 francs dans la caisse de l'œuvre de l'église, et, après la sépulture de M. le curé, une somme de 80,000 francs, recueillie et mise en réserve par lui, fut versée entre les mains du trésorier.

a donné même quelquefois assez abondant pour lui permettre de partager avec d'autres qui en manquaient entièrement.

J'ajoute un timbre-poste avec prière à M. le Curé de m'accuser réception de la présente, et de vouloir bien ne pas oublier au Saint-Sacrifice la santé du corps et de l'âme de mon vieux père, actuellement malade et âgé de plus de 80 ans.

Recevez, Monsieur le Curé, les hommages les plus respectueux de

Votre très-humble serviteur,

Pierre MARON fils,

rue Galante, 35, Avignon (Vaucluse).

Si on ajoute ce que M. Garnier avait obtenu pour l'œuvre des frères, pour la maîtrise, pour la réparation à l'église Saint-Symphorien, on arrive facilement au chiffre de plus de 500,000 fr., réunis par ses soins.

III

Les vitraux sont le produit de souscriptions spéciales. La somme qu'ils ont coûtée s'élève à 22,926 fr. 30 c.

Il semble convenable de donner ici le sujet de chaque vitrail avec le nom des donateurs.

L'ABSIDE a cinq vitraux, représentant les personnages suivants :

1º *Saint Pierre,* — don de MM. Henriot, Plissey, Charton et Bouleau, prêtres natifs de Nuits.

2º *Saint Denis,* — don de M. l'abbé Garnier, né à Nuits, curé de Serrigny.

3º *La Sainte Vierge*, — don de Madame Geisweiler-Larbalestier.

4º *Saint Symphorien,* — don de M. Mouillard-Grivot, à la mémoire de son fils Symphorien Mouillard, tué en Algérie pendant la guerre de 1870.

5° *Saint Jacques,* — don de Mesdames Gauthier et Bailly, à la mémoire de M. Jacques Duret, longtemps maire de Nuits, et de M. Jacques-Armand Bailly.

Chapelle de la Sainte Vierge.

1° Le premier vitrail a trois médaillons qui représentent, au sommet, le couronnement de la Sainte Vierge, avec cette inscription : *mystère glorieux;* au centre, une *pieta* avec cette inscription : *mystère douloureux;* au bas, l'adoration des mages, avec cette inscription : *mystère joyeux.*

Par dessous, en guise de bordure, de chaque côté d'un écusson de gueules à la rencontre de cerf d'or, accompagnée de trois étoiles d'argent (armoiries de la famille de Boisseau), on lit :

Archiconfrérie du saint et immaculé cœur de Marie.

A la mémoire de Léon-Bernard-Victor

Mesny de Boisseau, tombé à Nuits, sous les balles prussiennes, le 20 novembre 1870,

SA MÈRE.

2° Le vitrail du Saint Sacrement, qui suit, est un don de la congrégation des Enfants de Marie.

En descendant la nef, on remarque dans la succession des vitraux :

3° *Sainte Monique*, — don de M. le vicomte Henri de Mayol de Lupé, à la mémoire de Madame Catherine-Laure, comtesse douairière de Lupé, sa mère.

4° *Sainte Marthe*, — don de Mme veuve Laurenchet-Confuron, à la mémoire de M. Symphorien Laurenchet, son mari.

5° *L'héroïque Augusta*, mère de saint Symphorien, patron de la vieille église paroissiale de Nuits, don de Madame Labrie, de Bordeaux.

La main droite de cette sainte femme montre le ciel, la main gauche tient un évangéliaire.

Par dessous, dans un cartouche ménagé au milieu des ornements qui encadrent le personnage, on lit cette inscription :

Augusta à son fils Symphorien, marchant au supplice : « *Pouvons-nous craindre une mort qui conduit certainement à la vie?* »

A la mémoire de Paul Labrie, de Bordeaux, tombé à Nuits, sous les balles prussiennes, le 18 décembre 1870, et à la mémoire d'Alexandre Labrie, son père.

Sous le vitrail d'*Augusta* est fixée l'inscription commémorative de la fondation à perpétuité d'un anniversaire funèbre pour les soldats tombés aux combats de Nuits, en 1870.

6° *Sainte Cécile,* — don de Madame Virely de Thomassin, à la mémoire de M. Simon Virely, son mari.

Chapelle Saint Joseph et les vitraux qui se succèdent dans la nef.

1° *Saint Joseph ,* — don de M. Joseph

Gillotte, à la mémoire de Madame Joséphine Gillotte, sa mère.

2° *Sacré-Cœur*, — don de Madame Anne-Eugénie Méray, née Oudot.

3° *Saint Bénigne,* — don de MM. Misserey, à la mémoire de M. Guillaume Misserey, leur père et aïeul, ancien trésorier de la fabrique.

4° *Saint Vincent de Paul,* — don de Madame Nanine Berthet-Robin, à la mémoire de M. et de Madame Robin, ses parents.

5° *Saint François Xavier,* — don de M. Cottenet, de New-York, natif de Nuits.

6° *Saint Vincent,* diacre, — don de M. et Madame de Grandry, à la mémoire de leur fils unique, Arnould Berthier de Grandry.

7° Aux fonts baptismaux, le vitrail représente le *baptême de Jésus-Christ,* par saint Jean-Baptiste, don de M. et Madame Dufouleur, à la mémoire de leur père, ancien fabricien de la paroisse.

8° Les *vendeurs chassés du temple* composent le vitrail placé à l'entrée, — don de Mme Coirier-Moreau, à la mémoire de M. Coirier, son mari.

9° Le vitrail de la crypte représente le tableau de la *translation des reliques de saint Denis*. Il a été offert par M. Hudelot-Gillet, à la mémoire de François-Xavier Hudelot, son unique fils.

Cette splendide couronne, qui illumine et décore l'église, ne compte pas moins de cinquante-trois verrières.

Par un sentiment de délicate abnégation, un assez grand nombre de personnes ont renoncé au vitrail qu'elles avaient d'abord souscrit, et en ont versé le prix à l'œuvre pour payer les grisailles et compléter cette magnifique ornementation.

Ces vitraux sont remarquables par la beauté du coloris, la finesse du dessin et la disposition des diverses parties du tableau. Ils font honneur à M. Dideron, l'habile artiste de Paris, qui les a fournis.

CHAPITRE X

————————

I

C'est vers la fin de 1852 que vint la première pensée de construire une église neuve.

Avant de livrer cette pensée au public, on pesa avec maturité les chances de succès ; on sonda discrètement l'opinion qui se montra favorable dans le monde religieux.

Un homme admirable de foi, de dévouement et de générosité, M. Golmard-Sauvageot, lança plus tard cette idée à la publicité, dans un article publié par le *Spectateur*, journal religieux qui paraissait à Dijon. Un des premiers, quoique père d'une jeune famille, il souscrivit en faveur de l'œuvre pour une somme importante, et le moment venu, il accepta la responsabilité de l'achat des maisons qui devaient être démolies pour aménager l'emplacement nécessaire à la construction de l'église. Cette acquisition, couverte par son nom, s'élevait à environ 60,000 fr., que la commission de l'église a payés.

Les plan, devis et la direction des travaux furent confiés à M. Saint Père, architecte de Paris, qui, voulant coopérer à la bonne œuvre, offrit l'abandon de ses honoraires.

Un cahier des charges fut dressé, et une série de prix, établie d'après les données fournies par les architectes les plus autorisés du département. Le tout fut dûment approuvé par l'autorité préfectorale et l'autorité diocésaine.

Les travaux, dont le devis s'élevait à 191,859 fr., furent mis en adjudication et dévolus à M. Quarré-Barrot, moyennant un rabais de 1 0/0.

Ces travaux ne commencèrent qu'en août 1866, et, selon le cahier des charges, ils devaient être parachevés le 1er mai 1869, à peine d'une indemnité d'environ 20 fr. par jour de retard.

L'adjudication dut subir ce délai, parce que la commission de l'église n'y fut autorisée, par l'autorité compétente, qu'après avoir justifié de la réalisation et de la disponibilité de ressources suffisantes.

Le chiffre des dépenses fut notablement augmenté, parce que divers travaux n'avaient point figuré dans le devis, et que d'autres subirent des changements qui, en améliorant l'opération, en augmentaient les charges.

Du reste, toutes ces modifications avaient été prévues dans les conditions générales de l'adjudication.

II

M. le Curé de Nuits et les membres de la commission de l'église étaient assurés non-seulement de l'approbation, mais aussi de la reconnaissance de la population. Les riches et nombreuses souscriptions consenties dans toutes les classes sociales en étaient une éclatante démonstration.

Il n'est pas nécessaire d'être dévot pour comprendre combien l'expansion de la religion favorise l'amélioration morale des masses, et impose la justice et la bienveillance, le respect et le devoir envers tous. De plus, la classe ouvrière de la localité y trouvait un intérêt matériel, parce que la construction d'un grand monument devait offrir à nombre de travailleurs un travail rémunérateur.

Mais, hélas! qui ne le sait? les œuvres de bien, même d'un intérêt incontesté, ne se réalisent jamais sans contradictions. La construction de l'église rencontra donc des obstacles, des oppositions, des contrariétés de plus d'un genre, d'injusticiables exigences. M. le Curé était trop clairvoyant et trop attentif pour ne pas en voir l'origine et la portée. Il s'appliqua sans irritation, mais non sans succès, à en neutraliser l'effet. L'œuvre en fut retardée, les démarches et les efforts plus multipliés, mais elle triompha de tous les obstacles avec un mérite plus grand.

III

Rien en France n'est plus facile à émouvoir et à tromper qu'une certaine opinion factice, surtout quand on agite devant les regards trompés le spectre clérical.

L'opinion à Nuits a été étrangement égarée un instant par de misérables calculs : on a fait peser sur la commission de l'église, et en particulier sur M. l'abbé Garnier, les accusations les plus imméritées. Plusieurs fois on proposa à M. le Curé de déjouer ces intrigues en publiant dans un journal de Dijon le véritable état des choses. Il s'y refusa absolument : « Laissez, laissez agir le temps, disait-il, la vérité finira bien par se faire jour ! »

La vérité a fini par se faire jour.

Si des doutes restent encore pour quelques-uns, un simple et rapide exposé des faits suffira pour en montrer la criante injustice.

Un mémoire rédigé par un savant avocat au conseil d'Etat et à la cour de cassation a été imprimé et livré au public, sans être contesté.

C'est dans ce mémoire que nous puisons les renseignements acquis à la cause et que nous publions.

M. Quarré-Barrot était étranger à la localité et inconnu des membres de la commission de l'église ; mais il s'était présenté avec des recommandations plus nombreuses que sérieuses au fond, et il fut agréé.

En se chargeant de cette importante entreprise, il avait trop présumé de ses forces, et avait eu le tort de ne pas faire connaître sa situation réelle et l'insuffisance de ses ressources pécuniaires pour la mener à bonne fin.

Dans le traité longuement libellé de l'adjudication, les deux parties contractantes, le comité d'une part et l'adjudicataire de l'autre, avaient pris de mutuels engagements qu'ils étaient également tenus d'exécuter.

La commission de l'église avait tout intérêt à faciliter à l'entrepreneur l'accomplissement de son travail, et elle a toujours été disposée à lui payer toutes les sommes auxquelles il pouvait avoir un droit légitime, mais sans compromettre les intérêts dont elle était constituée la gardienne. Tous ses membres étaient d'une honorabilité inattaquable et d'une bienveillance connue.

Un conflit s'est élevé, des pertes ont été subies, de violentes récriminations se sont produites ; voyons à qui en incombe la responsabilité, de quel côté est le droit et la justice.

Selon l'art. 6 du cahier des charges, l'entrepreneur était tenu de fournir un cautionnement du 20me du montant du devis, environ 10,000 fr. M. Quarré fut tout d'abord forcé de *reconnaître* qu'il était hors d'état de le réaliser. Par un sentiment de grande bienveillance, la commission consentit à ce qu'il fut constitué au moyen de retenues opérées sur les premiers versements à faire. On sut bientôt qu'au lieu des fonds qui lui étaient nécessaires, M. Quarré abordait l'entreprise avec des dettes considérables. (*Mémoire pour la fabrique de Nuits*, page 3.)

Cette situation difficile se fit bien vite sentir dans les paiements qu'il avait à faire, soit aux ouvriers, soit aux fournisseurs.

IV

La commission avait réalisé des valeurs et placé l'argent chez divers banquiers, avec la réserve de le retirer à volonté pour payer l'entrepreneur à mesure que les travaux seraient exécutés.

Du 15 janvier 1867 au 7 février suivant, 27,000 fr. furent déposés à la banque Dazey, de Nuits. Mais comme M. Dazey avait offert un intérêt beaucoup plus élevé que les autres banquiers, et après quelques indices défavorables, on conçut de la défiance et, pour se couvrir de ce côté, on se hâta de prendre chez lui les premiers à-compte versés à l'entrepreneur.

Sachant que M. Quarré, pour faire face à ses besoins, puisait largement dans la caisse Dazey, la commission, qui avait enfin connu la situation difficile de son entrepreneur, fit venir le banquier chez M. de Grandry, son président, et lui déclara que, sans l'inviter à rompre ses relations d'affaires avec M. Quarré, elle croyait devoir le prévenir que son *titre d'entrepreneur des travaux de l'église* ne devait pas lui inspirer une confiance aveugle, et qu'il lui appartenait de prendre les précautions que la prudence lui conseillait. M. Dazey répondit : « Je suis à couvert et plus qu'à couvert vis-à-vis de M. Quarré. »

M. le Curé avait conseillé cet avertissement sous l'inspiration de l'intérêt qu'il portait à ses paroissiens. Les affirmations de M. Dazey n'avaient point rassuré sa sollicitude bienveillante, et chaque fois qu'on dut faire un versement à l'entrepreneur, il voulut qu'on en prévint le banquier Dazey. Cet avertissement fut verbalement répété sept fois, du 22 décembre 1866 au 26 mars 1868. M. Dazey ne crut pas devoir faire la moindre réponse à ces démarches inspirées par son intérêt et l'intérêt de ses créanciers.

Le 25 mai de la même année, en prévoyance d'une catastrophe qui déjà apparaissait possible, et pour se mettre surabondamment à couvert de toute responsabilité ultérieure, la commission de l'église, par exploit de M. Forey, huissier, « signifie à « M. Dazey qu'elle ne l'avertira plus des « paiements qui pourront être faits par « elle à M. Quarré, et que si M. Dazey a « des droits à faire valoir comme créancier « de M. Quarré, *il est mis en demeure de* « *les faire connaître par écrit et sans délai,* « *et de faire signifier une opposition régu-* « *lière.* »

Cette pièce fut enregistrée à Nuits le 28 mai 1868.

Le 1er septembre suivant, la commission fait renouveler, également par exploit de M. Forey, huissier, à M. Dazey, la déclaration faite par lui le 25 mai précédent, et lui déclare « que, pour éviter toute surprise et « tout malentendu, elle croit devoir lui an- « noncer qu'un nouveau paiement va être « fait à M. Quarré, et qu'il doit faire con- « naître d'ici 48 heures ses droits et préten- « tions. »

Cette pièce fut enregistrée le 3 du même mois.

Il n'était pas possible de pousser plus loin la complaisance et le soin des intérêts de M. Dazey et de ses créanciers.

Ces deux significations authentiques de- meurèrent sans réponse.

V

Cependant l'entrepreneur avait un besoin d'argent de plus en plus pressant. Il pré-

senta de nouveaux mémoires que l'exagération et des erreurs ne permirent pas de régler.

C'est alors que M. Quarré intenta à la commission de l'église une action en paiement
de ces mémoires par devant le conseil de
préfecture.

Ce tribunal, selon l'avis d'experts, retran-
cha une somme importante aux mémoires
présentés, mais porta, contre la commission,
des condamnations que des hommes de loi
fort recommandables déclarèrent inaccep-
tables. Il y eut appel au conseil d'Etat.

Des bruits inquiétants circulèrent sur la
situation financière du banquier. Celui-ci
répondait à ses créanciers que de grosses
sommes lui étaient dues par l'entrepreneur
de l'église. M. Quarré, de son côté, affirmait
que des sommes très-importantes lui étaient
dues pour les travaux exécutés, et que la commission refusait de lui verser des fonds ; c'était
un moyen de gagner du temps.

On répandait le bruit que la commission
de l'église, dominée par M. le Curé, en ne

payant pas ses dettes, privait les créanciers de ce qui leur était dû. Les gens éclairés dédaignèrent ces accusations malveillantes et sans aucun fondement. Mais la foule qui ne raisonne pas, et particulièrement les intéressés, faisaient entendre des récriminations violentes.

On s'adressait de temps en temps au président de la commission ou à son trésorier, qui répondaient : « Nous payons, nous avons payé tout ce qui est dû. »

La commission avait si bien payé, qu'elle s'était dessaisie d'une notable part de son dixième de garantie. L'arrêté préfectoral du 28 avril 1877 en a donné la démonstration concluante, en fixant à 7,789 fr. 61 cent. le reliquat définitif des sommes dues à M. Quarré. Cette somme était bien au-dessous des garanties stipulées.

Le lendemain les intéressés répandent le bruit que leur cause est gagnée, que la commission de l'église va enfin être contrainte de payer M. Quarré, et par conséquent tous les créanciers de l'entrepreneur et du banquier. Un banquet est même donné pour célébrer cette victoire !!!

VI

La guerre terminée et le calme rétabli à Paris, le conseil d'État fit un minutieux examen des mémoires présentés, et de la décision du conseil de préfecture de Dijon. La vérité va enfin se faire jour dans un jugement suprême. L'arrêt fut rendu le 31 janvier 1873.

Une dépêche prévint le même jour M. le Curé du triomphe de sa cause, et il en garda le secret jusqu'à l'arrivée officielle de la décision prise.

Le texte de l'arrêt arriva. M. Quarré était débouté à peu près de toutes ses demandes et condamné aux trois quarts des frais. La seule clause en sa faveur est celle où il lui est alloué 381 fr. 93 cent., résultant d'une erreur matérielle de calcul.

L'entrepreneur avait réclamé dans un de ses mémoires 43,806 francs 48 cent., dans un autre 50,000 francs, qui n'étaient pas dus.

La commission de l'église n'eût-elle pas manqué à toutes les exigences de la délicatesse et de la justice, si elle eût trahi les graves intérêts qui lui étaient confiés? Elle aurait détourné de leur but les intentions des donateurs; elle aurait compromis le succès de l'œuvre importante de l'église; elle aurait fait abandon de ce qui ne lui appartenait pas.

L'arrêt du conseil d'Etat ne peut laisser subsister aucun doute, et justifie pleinement la conduite des membres de la commission.

Les avertissements particuliers, charitablement donnés au banquier, et ceux qui lui furent signifiés par exploit d'huissier et dont il n'a été tenu nul compte, démontrent surabondamment l'intérêt que M. le Curé et la commission de l'église prenaient à la position de l'intéressé et de ses créancie rs.

Cette question, qui a produit un instant une grande émotion, est donc éclaircie et jugée sans contestation possible.

VII

Vers la fin de 1870, l'église Notre-Dame était encore inachevée à l'intérieur, le sanctuaire n'était point pavé ; elle ne renfermait rien de ce qui est nécessaire à l'exercice du culte.

Nous étions en France dans le désarroi causé par les désastres de l'armée. L'administration locale d'alors n'était pas éloignée de la convertir en caserne et au besoin en écurie. Le brave commandant des mobiles de la Gironde, M. de Carayon-Latour, alors à Nuits, s'y opposa absolument. « J'aime trop mes soldats pour les faire coucher dans un lieu froid et humide, dit-il, et moi et mes soldats, ajouta-t-il, ne nous servons des églises que pour y prier Dieu. » Du reste, dans leur patriotisme, les habitants de Nuits accueillaient avec empressement les soldats de la France. Mais M. de Carayon-Latour n'était pas seul, et il pouvait à chaque instant être appelé ailleurs et remplacé par d'autres chefs moins bien inspirés. Avec cette active et prudente action qui le faisait promptement aboutir, M. le Curé hâte sans bruit les préparatifs essentiels à l'exercice du culte.

Le 8 septembre, de grand matin, des jeunes filles en grand nombre sont convoquées ; elles transportent rapidement dans la nouvelle église les chaises de la chapelle provisoire qui se trouvait à côté. A 7 heures, tout était terminé.

Quand à 7 heures trois quarts, la messe eut sonné comme à l'ordinaire, les fidèles ne trouvèrent plus dans l'ancien local qu'une grande salle démeublée, et se portèrent étonnés et heureux dans la nouvelle église, dont la prise de possession tirait quelque chose de particulièrement saisissant du mystère qui l'avait préparée, et des douloureuses circonstances qui pesaient sur le pays.

Le jour du reste était bien choisi : c'était la fête de la Sainte-Vierge, patronne choisie de l'Eglise, et on terminait une neuvaine pour la France.

M. l'abbé Garnier bénit, non sans émotion, cette église qui lui avait coûté dix-huit
années de rudes labeurs à travers des obstacles de tout genre. Il adressa à l'assemblée
un discours vraiment pathétique, qui fit couler bien des larmes d'attendrissement. Quand
il proclama que la sainte Mère de Jésus serait désormais la patronne de ce lieu, et que,
pour rappeler l'ancien vocable, l'église por-
terait le nom de *Notre-Dame-Saint-Denis,*
des personnes remarquèrent qu'un rayon de
soleil, traversant une fenêtre de la nef, vint
irradier l'antique statue de Marie, qui sembla
sourire à cet hommage.

Un grand recueillement fut remarqué durant toute cette longue cérémonie, les communions y furent nombreuses et les prières
ardentes. Qui pourrait dire ce que la consécration de ce temple à Marie a pesé dans la
préservation de Nuits, qui n'a été que légèrement maltraité, malgré les combats livrés
dans ses rues !

En ce jour, les voûtes nouvelles de

Notre-Dame retentirent du chant du cantique :

> « Arrête, divine gardienne,
> « Des barbares le flot redouté, etc.

Ce cri de détresse semble avoir été entendu : Nuits a été le grain de sable qui a arrêté les envahisseurs ; on peut dire que les
Prussiens guerroyant ne l'ont pas dépassé.

VIII

La nouvelle église de Nuits ne trouva pas
de l'opposition seulement autour d'elle. La
presse antireligieuse de Paris se mit de la
partie. Dans son numéro du 23 juin 1863,
l'*Opinion nationale* publiait contre cette œuvre un long article en deux colonnes, signé
Ch. Sauvestre, son rédacteur en chef. L'esprit y faisait complétement défaut, mais un
persiflage fade et impie y abondait.

Nuits fut largement gratifié du numéro
chargé de cette grossière attaque. Nous
n'en parlons ici que pour révéler la réponse
éloquente qui y fut faite. Le lendemain,

M. le curé trouvait dans sa boîte aux lettres
le numéro de l'*Opinion nationale* qui l'atta-
quait ; on avait joint à cette feuille un pli
cacheté qui renfermait un billet de MILLE
francs avec cette suscription : « Réponse à
l'*Opinion nationale*. »

IX

Dieu avait béni tous les efforts. L'œuvre
avait obtenu un succès que ses plus chauds
partisans n'avaient pas osé espérer aussi
grand. L'église était bénite, l'ornementation intérieure se complétait splendidement ; les cérémonies religieuses y resplen-
dissaient d'un éclat jusqu'alors inconnu à
Nuits ; les communions s'y faisaient de plus
en plus fréquentes et nombreuses. Plusieurs fois des personnes pieuses, unies à la
pensée de leur vénérable curé, avaient fait
prier au sanctuaire du Sacré-Cœur à Mont-
martre, demandant à Dieu d'écarter tous
les obstacles et de favoriser le résultat longtemps attendu et ardemment souhaité.

Le 9 mai 1877, un *ex-voto* était offert à l'église du Sacré-Cœur, en témoignage de la reconnaissance du pasteur et des fidèles de la paroisse de Nuits. Cet *ex-voto* est inscrit sous le n° 86. « Il restera là, dit la lettre « d'envoi, comme une prière perpétuelle au « Sacré-Cœur de Jésus, demandant, dans « la pensée des donateurs et en faveur de la « paroisse, la conversion des pécheurs, le « perfectionnement des justes, la sainte « mort des agonisants, la délivrance des « âmes du purgatoire. Il sollicitera aussi le « triomphe du Vicaire de Jésus-Christ, le « relèvement de notre chère patrie et la « transformation religieuse de tous nos « compatriotes.

« Que le Sacré-Cœur de Jésus daigne « graver en lui ces supplications, comme « elles le seront sur le marbre, et qu'il les « entende toujours. »

X

M. Garnier n'admettait qu'avec grande réserve de nouvelles pratiques religieuses dans la paroisse.

Mais au moment où la dévotion à saint Joseph se répandit avec un renouvellement de ferveur, il accueillit la pensée que lui suggéra Madame la comtesse de la Frégeolière d'Angers, bienfaitrice de la nouvelle église, de confier au patronage de ce grand saint le succès de son entreprise. Il transmit cette idée à quelques personnes pieuses et dévouées, et il fut arrêté qu'un placement d'images se ferait sous l'invocation de saint Joseph, et que si le produit s'élevait *net* à 100,000 francs, ce protecteur serait avec saint Denis le patron secondaire de l'église nouvelle et qu'il y aurait une chapelle.

Une petite statue du saint patriarche fut donnée par une *enfant de Marie,* et, depuis seize ans, elle est entourée de la vénération de la foi nuitonne. De ce moment aussi, on a fêté le mois de saint Joseph, et on a célébré ses fêtes avec plus de solennité.

Quelques *esprits forts* pourront sourire de ces moyens, qui ne ressemblent guère aux combinaisons ordinaires de nos financiers ; et pourtant le résultat ne se fit pas attendre : il a été constaté que les offrandes arrivaient notablement plus nombreuses le mercredi, jour consacré à saint Joseph, et durant le mois de mars. Les 100,000 francs furent dépassés et une chapelle est dédiée dans l'église à saint Joseph, devenu patron secondaire de la paroisse, où son culte va toujours grandissant.

La petite statue est encore là, attendant qu'une autre plus belle et plus artistique, déjà commandée par le successeur de M. Garnier, vienne prendre sa place, et soit une plus digne expression de la piété reconnaissante des Nuitons envers leur saint protecteur (1).

____

(1) Le nouveau titulaire de la cure de Nuits se plaît en toute circonstance à rendre un légitime hommage aux qualités éminentes de son prédécesseur ; il apporte un soin pieux à respecter ses intentions et à compléter ce que la mort ne lui a pas permis de réaliser entièrement.

CHAPITRE XI

**Prédication. — Direction spirituelle.
Communion fréquente.**

I

Les diverses œuvres dont nous venons de rappeler l'établissement ont chacune leur utilité ; plusieurs sont nécessaires pour le succès du ministère pastoral ; toutes sont des moyens.

Et maintenant, comment M. l'abbé Garnier employait-il ces moyens ? Quels furent ses efforts pour arriver aux âmes et les élever vers Dieu ?

La foi catholique, qui est le don par excellence, se répand, pénètre les âmes par le moyen de l'enseignement. *Fides ex auditu.*

Dès le début de son ministère, M. le curé s'appliqua à donner à l'enseignement religieux la place supérieure qui lui est due, comme principal fondement de la sanctification du devoir, et base essentielle de la régénération de la famille et de la société.

Cet enseignement des âmes trouva son application et son développement dans la prédication, dans la direction spirituelle et dans les catéchismes.

II

Il conçut un vaste plan d'instructions suivies, et se mit immédiatement à l'œuvre pour le réaliser avec ses collaborateurs.

Nous n'avons point à apprendre à ses chers paroissiens l'éclat soutenu de sa parole.

En chaire, ses sermons avaient un cachet particulier : la solidité du fond était en rapport avec l'irréprochable pureté de la forme; tout ce qui tombait de ses lèvres portait, tout était pratique; on y admirait une connaissance profonde du cœur humain; tout ce qu'il disait était rehaussé par un charme oratoire qui, jusqu'au dernier jour, a conservé le même prestige.

Aussi longtemps que sa santé le lui permit, il prêchait lui-même la station du carême, attirant autour de sa chaire bien des hommes connus par leur indifférence religieuse.

Aux jours des grandes solennités, à la Toussaint, au renouvellement de l'année, à Pâques, à la Pentecôte, à l'Assomption, quand la foule était plus pressée, sa voix s'animait, son cœur débordait ; il ne pouvait dominer ses émotions, qui s'en allaient émouvoir tout l'auditoire.

Dans ses souhaits de bonne année, toujours si tendrement paternels, il savait ménager, d'une manière transparente, l'éloge délicat des belles âmes, enlevées à la paroisse dans le courant des mois écoulés.

On tenait à grand honneur de recevoir de ses mains la bénédiction nuptiale ; les allocutions qu'il y prononçait étaient pures de toute banalité; elles portaient un cachet spécial, selon les personnes à qui elles étaient adressées; toujours elles étaient avidement écoutées et laissaient dans les familles des souvenirs qui étaient à la fois un enseignement et une gloire.

Un côté remarquable de cette éloquence sacerdotale, dont Dieu l'avait si richement doté, se manifestait dans les retraites prêchées aux religieuses. Quoiqu'on n'en ait recueilli que des échos affaiblis, on sait que la haute spiritualité ne lui était pas· plus étrangère que l'éloquence populaire. Son âme planait si facilement dans ces sereines régions, qu'il semblait s'y reposer et y réparer ses forces.

Auprès des lits funèbres, au milieu des familles en pleurs, il savait trouver des paroles toutes rayonnantes d'espérance et d'immortalité. J'ai vu, sous sa parole, de jeunes filles, au beau printemps de la vie, sourire à la 'mort et l'accepter comme un gain.

C'était surtout au beau jour de la première communion que ses émotions abondaient, que son cœur se donnait tout entier. Comme il s'emparait de l'attention de tous ! Comme il saisissait ces heureux enfants ! Comme il dominait puissamment toute l'assemblée !

Qui que vous soyez, ô hommes, ô femmes de Nuits ! Quels que puissent être vos oublis, vous n'arracherez jamais entièrement de vos âmes les traces qui y ont été burinées, en ce grand jour, sous le feu de la parole émouvante du pasteur qui vous a tant aimés !

Je possède des discours de M. l'abbé Garnier qui figureraient avantageusement dans le recueil des grands maîtres de l'éloquence de la chaire. Je ne puis les publier ici, ce serait trop m'éloigner des limites que je me suis tracées. Pour en donner une idée, je me contente de reproduire l'appréciation qu'en a faite une plume nuitonne, en 1857.

M. l'abbé Garnier avait prêché le carême; le concours de ses paroissiens avait été nombreux autour de sa chaire ; sa parole avait produit une impression profonde. Un de ses auditeurs, esprit littéraire, qui avait suivi fidèlement toutes ses instructions, traduisait ainsi ses impressions dans un récit que le hasard a mis entre mes mains.

Sur un orateur que j'ai entendu.

« Ce qui frappe tout d'abord dans un orateur, c'est l'élocution. Or, celle dont je veux parler ici est telle, que le plus habile rhéteur n'y trouverait pas une expression à retoucher. Point de ces *ambitiosa ornamenta*, dont parle Quintilien. Serait-ce donc un style fardé ? Dieu me garde d'admirer un style qui ne serait point naturel !

« C'est l'expression propre, l'expression de Pascal, avec l'onction d'un François de Sales. Ne nous semblait-il pas entendre l'évêque de Genève, lorsque faisant trois parts de son troupeau, les chrétiens pratiquants, les indifférents et les incrédules, il leur disait : « Oui, oui, je vous aime tous, tous je vous porte dans mon cœur ! »

« Nous avons entendu les maîtres de la parole : Lacordaire a fait tomber de nos yeux des larmes d'admiration, c'est l'aigle de la chaire.

« Nous avons admiré, dans une autre sphère, la parole éloquente de M. Berryer, et ce geste singulièrement beau dont parle M. de Cormenin. Mais Lacordaire n'avait pas le bonheur de parler à ses ouailles, ni M. Berryer celui d'annoncer la vérité descendue du ciel ; Berryer ne pouvait s'inspirer de l'onction évangélique. Ce que j'admire surtout dans cet orateur que j'entends ici, c'est l'éloquence d'un père qui aime ses enfants, qui les porte au fond de ses entrailles, qui souffre de l'absence de plusieurs ! Oh ! que sa parole est brûlante, lorsque ce bon pasteur rappelle ses brebis égarées ; il me semblait hier encore entendre notre Sauveur s'écrier: « Jérusalem, Jérusalem, qui tues tes prophètes et lapides ceux qui te sont envoyés, combien de fois ai-je voulu rassembler tes enfants comme un oiseau rassemble sa couvée sous ses ailes ; mais tu ne l'as point voulu ! »

« Sans doute, on trouve dans ses discours, ordonnance, logique invincible, élocution abondante et choisie ; mais tout cela n'est rien à côté du cœur, de ce *pectus quod disertos facit*. Le sien nous attire à lui comme l'aimant attire le fer ; c'est un levier qui soulève toutes les puissances de l'âme et la mène à son gré. Telle je me représente une mère émue, entourée de sa nombreuse famille et laissant échapper des traits brûlants d'amour qui ravissent ses enfants et les fixent à ses lèvres bien aimées. Tel est l'effet que produit en moi la parole de ce prêtre, avec lequel mon intelligence et mon cœur sympathisent le plus.

« Avec quelle science et quelle majesté il annonce la vérité ! Mais c'est l'histoire surtout qui resplendit dans sa bouche de tout son éclat. Oh ! que la vérité est belle ! Elle communique sa beauté à tout ce qui l'environne.

« Vous qui avez étudié l'histoire dans des systèmes inventés à plaisir pour soutenir tel ou tel paradoxe, tel ou tel mensonge, venez

entendre le prédicateur ! Que tous ces systèmes vous sembleront mesquins et futiles,
devant cette parole majestueuse qui interroge les siècles au nom de Dieu (car l'histoire est à Dieu), et qui déroule la suite des
âges pour justifier les desseins de la Providence ! Oh ! que l'histoire est belle alors, et
que nous éprouvons de plaisir et de douce
satisfaction à renouveler ainsi les études de
notre jeunesse.

« Historiens, historiens, inspirez-vous de
la science évangélique ! Là vous trouverez
l'esprit de prophétie. Là vous participerez à
ce don de seconde vue qui est nécessaire pour
bien juger, pour découvrir le vrai qui se
perd confondu dans la mêlée avec une foule
d'ennemis. Et vous, orateur, poursuivez ce
magnifique cours d'histoire : là réside en
partie votre force pour ramener ces hommes
qui veulent absolument voir, sentir, et toucher pour croire. Mais surtout ne soyez
point avare de ces élans qui commotionnent
l'homme tout entier, le fidèle, l'incrédule et
l'indifférent.

« Le langage du cœur est compris de tous et, avec l'aide du Dieu qui vous inspire, vous triompherez de l'erreur et des préjugés ; vous serez (il le faudra bien) goûte et aimé comme vous méritez de l'être par vos talents et par vos vertus. »

A la fin de ce carême, un journal de Dijon, le *Spectateur,* dans une lettre signée d'un habitant de Nuits, constatait ainsi les fruits de cette prédication.

Nuits, le 11 avril 1857.

Monsieur le Rédacteur,

Il nous a été donné de contempler un magnifique spectacle le dimanche de la Passion et le Jeudi saint, jours traditionnels de la communion générale dans la paroisse. Nos églises étaient littéralement encombrées. Comme la présence de Dieu se faisait sentir au milieu de cette foule disposée à s'approcher de la Table sainte ! Comme l'âme se sentait élevée dans cette atmosphère de piété et de recueillement ! Sans doute ce fut pour le clergé un instant délicieux que celui où bon nombre d'hommes se firent gloire d'inaugurer le banquet divin. Qu'il devait être heureux ce pasteur dont le zèle ne connaît point de bornes ! Grande dut être aussi sa consolation, en voyant, durant la station quadragésimale, un auditoire toujours plus nombreux se presser surtout autour de sa chaire. Du reste, cet empressement est chose facile à comprendre pour qui a pu entendre cette parole ardente de foi et de charité. Oui, nous félicitons les habitants de notre ville de leur goût pour la belle et touchante éloquence de M. le Curé de Nuits ; tôt ou tard, cette assiduité à recevoir la parole de Dieu portera des fruits et touchera les cœurs.

De tels faits ne doivent point être passés sous silence, et quand on songe avec quel cynisme différents journaux se hâtent de repaître leurs lecteurs de tous les genres de scandales, on est heureux de fortifier, de consoler ses frères, en mettant au jour une parcelle du bien qui s'opère par la religion.

Agréez, etc.

G. C.

III

Cette voix, qui avait tant de puissance sur les foules assemblées, était plus pénétrante encore dans les mystérieuses confidences de la direction des âmes. Ici, il illuminait, il conjurait, il commandait ; il éclairait les plis les plus ténébreux des consciences ; ne laissant rien d'obscur, il donnait des solutions pratiques qui fixaient les résolutions ; il conquérait invinciblement à Dieu quiconque s'ouvrait à lui.

Ceux qui ont touché de près cette âme si aimante, si dévouée, si sûre en toutes questions, qui savait si bien se communiquer, ont dû lui entendre répéter de temps en temps, pour les affermir dans ses conseils : Voilà ce qui vous donnera la paix et le repos ; voilà ce que Dieu demande de vous... j'ai pesé cela devant Dieu... j'y ai pensé dans ma méditation... j'ai arrêté cette décision dans mon action de grâces, après la sainte messe.

Que de larmes séchées au souffle consolant de sa parole ! Que de désespoirs calmés ! Que de résignations saintement acceptées ! Que de paix goûtée au milieu des croix ! Que de souvenirs ne pourrais-je pas invoquer ! Des pères, des mères venant s'agenouiller à la table sacrée, avec une céleste résignation, au lendemain du jour où un époux, où un enfant, et quelquefois un enfant unique, avait été soudainement arraché à leur tendresse, ou bien accordant un sublime pardon aux meurtriers d'un fils et d'un frère, priant et communiant pour eux!!!

Voilà de ces miracles que peut seule obtenir une parole puissante, qui sait se communiquer aux âmes et les transformer par l'héroïsme chrétien, à l'heure des plus cruelles angoisses.

Aussi ceux qui ont communié à ses pensées et à sa vie sacerdotale éprouvaient pour lui un attachement, une reconnaissance et une vénération dont j'ai retrouvé de touchants témoignages, également glorieux et pour ceux qui les expriment et pour celui qui a pu les inspirer.

IV

Saint François de Sales avait dit : « *Le confessionnal et la sainte table sont les très-doux présents du Cœur de Jésus*. M. l'abbé Garnier répétait souvent cette pensée de l'aimable saint, qui était aussi la sienne. Il s'élevait avec vigueur contre les tendances jansénistes qui, ont fait de la confession et de la communion deux fardeaux accablants qui peuvent éloigner de Dieu, au lieu d'en rapprocher. Il savait qu'au confessionnal la justice de Dieu est désarmée par sa bonté.

Il avait étudié dans ses profondeurs le grand et délicat ministère de la réconciliation des âmes avec Dieu. Il se disait avec le rituel romain, que *le confesseur doit se souvenir qu'il n'est pas moins le ministre de la miséricorde que de la justice divine (De sacramento penitentiæ)* ; et avec le concile de Trente, que le *pécheur peut être gracié, au tribunal de la pénitence, par la sentence du prêtre, non pas une fois, mais autant de fois qu'il y aura recours avec un sincère repentir de ses péchés ; que le fruit du sacrement est la réconciliation avec Dieu, réconciliation qui doit être accompagnée d'une grande paix et d'une vive impression de joie spirituelle* (sess. XIV).

Voilà pourquoi Jésus-Christ a voulu que le juge du pénitent fût un homme comme ce pénitent et comme lui un pécheur. Il accueillait donc avec bonté tous ceux qui s'adressaient à lui, et il trouvait toujours de puissantes raisons pour les éloigner du péché, dont les conséquences sont si redoutables, et pour les porter à l'amour de Dieu.

V

La *communion fréquente* fut la conséquence naturelle de sa méthode de direction. Elle est du reste dans l'esprit bien compris de l'Eglise. Dans les siècles de ferveur, au commencement du christianisme, tous les fidèles communiaient chaque fois qu'ils pouvaient assister à la sainte messe, appelée alors *fraction du pain*. On portait même la communion à ceux que la maladie ou les infirmités empêchaient de quitter leur demeure.

La communion resta fréquente pour le grand nombre des fidèles durant une partie du moyen-âge.

Les hérésies, surtout celle du seizième siècle, mirent le trouble sur ce point dans un certain nombre d'âmes; mais c'est le jansénisme qui éleva un rempart presque infranchissable devant la sainte table et posa des conditions impossibles à la fréquente communion. Cette hérésie fut dans les calculs de ses chefs un complot contre l'Eglise de Jésus-Christ : sous le prétexte du respect dû à la sainte Eucharistie, on exigea des conditions qui dépassent les forces de l'humanité. Les âmes pieuses s'y laissèrent prendre; le clergé lui-même, dans un certain nombre de ses membres, ne sut pas résister. Et quand l'Eglise eut lancé l'anathème contre cette hérésie, d'autant plus dangereuse qu'elle se couvrait du manteau d'une apparente perfection, des prêtres trop austères et insuffisamment instruits restèrent longtemps encore imbus de ce funeste venin, qui doit compter pour beaucoup dans l'abandon des pratiques religieuses en France.

M. l'abbé Garnier sut se tenir en garde contre cette funeste erreur, et s'appliqua à ramener la communion fréquente dans sa paroisse et à répandre dans les âmes la *véritable vie*, qui ne se puise que dans la sainte Eucharistie ; *Si vous ne mangez mon corps,* a dit le Sauveur, *vous n'aurez pas la vie.*

La purification lente, mais progressive, des peuples sortis à peine de la fange païenne, fut l'œuvre de la communion souvent renouvelée ; de même que notre retour lent, mais progressif, à la corruption païenne, est le résultat de l'abandon de l'Eucharistie.

M. le Curé s'efforça donc de ramener cet âge d'or des âmes vraiment pieuses : c'est alors que chaque jour, à la messe, on put voir l'empressement et le bonheur d'un assez grand nombre aller puiser la vie divine à sa source eucharistique.

CHAPITRE XII

Catéchisme. — Sa puissance. — Ses difficultés. — Le catéchiste et son divin modèle. — Insuffisance de la famille. — Catéchisme de persévérance. — Chapelle des enfants. — Préparation à la première communion. — Fêtes du catéchisme. — Premières communions. — Ses effets.

I

Le prône ne suffit pas pour faire pénétrer la religion dans les âmes. Il n'est pas proportionné à tous les esprits ; il n'est pas adapté aux besoins de chacun ; ajoutons qu'il est imparfaitement écouté.

Le confessionnal offre des conseils précis, pratiques, appropriés à l'état de chacune des âmes qui y ont recours ; mais il s'ouvre trop rarement, et les exhortations individuelles qu'on y entend ne peuvent être prolongées.

Le catéchisme ! voilà où se posent les véritables et solides assises de la foi religieuse ; c'est là qu'on implante la sève divine dans la profondeur des âmes, et qu'on forme les générations vraiment chrétiennes.

La vérité, la vertu, ne trouvent pas d'obstacle à pénétrer dans une âme aussi longtemps que cette âme reste embaumée par le charme de l'innocence et de l'amour de Dieu. Il faut donc attacher un grand intérêt à cette forme d'instruction.

Pour M. l'abbé Garnier, le catéchisme n'était pas le simple enseignement de vérités à connaître : il voulait que dans ces leçons on s'adressât non-seulement à l'intelligence, mais au cœur, mais à la conscience, qu'on pénétrât l'âme toute entière pour la corriger de ses défauts, pour annoblir et fortifier les sentiments et élever l'enfant jusqu'à Dieu dans une pure innocence, dans la lumière et la grâce des vertus évangéliques.

Cet enseignement, si humble en apparence, lui paraissait très-délicat et très-complexe : le catéchisme, disait-il, c'est l'aceptation du devoir, c'est l'amour de la famille, le dévouement à la patrie, la sanctification de la vie présente, la préparation de la vie de l'éternité. C'est là qu'on fait aimer et goûter la vertu chrétienne, qu'on forme les saines habitudes et les inclinations vers le bien. C'est là qu'on fait l'enfant soumis et respectueux, le citoyen fidèle et utile, le vrai chrétien.

Cette science expérimentale du catéchiste ne s'improvise pas. M. Garnier se livra longuement à cette étude spéciale : il lut les ouvrages les plus autorisés en cette matière ; il étudia attentivement les écrits de Mgr Dupanloup sur ce grave sujet ; il visita à Paris les catéchismes les plus en renom ; et, après de longs essais, il rédigea enfin pour sa paroisse un règlement plein d'ampleur, et de nature à soutenir l'attention et l'entrain à l'âge si léger de l'enfance, et à exercer une forte et nécessaire action sur les jeunes âmes.

II

L'art du bon catéchiste est difficile.

La première condition est d'aimer ses enfants, de s'attacher à leurs âmes ; il faut que le catéchiste puisse dire comme saint Paul : « *Nous sommes devenus au milieu de vous comme une mère qui nourrit avec amour ses petits enfants.* » Il faut qu'il justifie dans toute son étendue la belle parole de Fénelon : « *Soyez père! ce n'est pas assez, soyez mère!* »

Il faut que les enfants aiment Dieu dans leur catéchiste. Il faut que le catéchiste aime Dieu dans les enfants, qu'il ait faim et soif de leur bonheur, de leur beauté céleste, il faut qu'il leur donne à boire cette eau qui rejaillit à la vie éternelle, qu'il approche de leurs lèvres ce breuvage qui est le premier besoin de l'âme ; jeunes plantes, tendres fleurs exposées au souffle desséchant du monde, il faut verser sur elles, pour relever leurs tiges vers le ciel, l'eau pure de la doctrine et la douce rosée de la grâce. Et alors on voit éclore et s'épanouir les plus aimables vertus et les plus touchantes transformations; et ces heureux enfants inclinent facilement à aimer Dieu, la Sainte-Vierge, les saints, l'Eglise mère de tous les fidèles. Mais encore une fois pour obtenir ce résultat il ne faut pas une instruction sèche et sans vie; il est nécessaire de pénétrer jusqu'à leur cœur, et à exciter en eux ces tressaillements de l'âme qui les élèvent jusqu'au devoir, jusqu'à Dieu.

Chaque année en annonçant l'ouverture des catéchismes, M. le Curé insistait sur les précieux résultats que ce pieux enseignement produit dans l'âme des enfants. A l'exemple du divin modèle, il disait : laissez venir à nous ces jeunes âmes charmantes, immortelles, à qui le ciel appartient.

Les mères ne peuvent pas ne pas comprendre cette parole, leur cœur ne peut s'y tromper; elles sont saisies par cet appel irrésistible et elles accourent, leurs enfants à la main, pour qu'on verse en eux ce qui doit en faire la joie, le repos, la gloire de leur famille.

C'est avec cet instinct infaillible du cœur, qui sent l'amour où il est, que les mères, en Israël, venaient à Jésus, pleines de confiance, lui amenaient leurs petits enfants, portant les uns entre leurs bras, tenant les autres par la main ; elles le suppliaient de vouloir bien les toucher, les bénir, leur imposer les mains, prier pour eux (1). Et Jésus se laissait entourer de ces petits enfants, et il les regardait avec un divin regard de tendresse, et il leur faisait de douces caresses, approchait ses lèvres de ces fronts purs, plaçait ses mains sur leurs têtes innocentes et priait pour eux (2). Il priait pour les préserver du mal, pour garder leur innocence, pour les mettre, à l'abri de son amour, dans les pures joies du matin de la vie. Est-ce qu'il n'aimait pas à les donner en exemple ? Est-ce qu'il n'ordonnait pas de les laisser s'appro-

---

(1) Afferebant ad illum parvulos et infantes, ut manus imponeret et oraret. (Marc, 10, 13.)

(2) Et amplaxans eos orabat super illos. (Marc, 10, 16).

cher de lui ? Et les enfants l'aimaient, et ils le suivaient partout, attirés par son doux regard, par le sourire de ses lèvres, par ses affectueuses paroles. Voilà bien le modèle des catéchistes, et pour encourager ceux-ci, il leur dit: « *Tout ce que vous aurez fait au plus petit de ces enfants, c'est à moi que vous l'aurez fait.* »

En parlant du catéchiste, Mgr Dupanloup en résume ainsi les qualités et les devoirs dans son *Œuvre par Excellence*: « En tout, l'esprit qui doit dominer dans un catéchiste est tout à la fois un esprit de zèle et de douceur, un esprit de bonté et de fermeté, un esprit de travail et de piété, un esprit de patience et d'oraison. Et tout cela est fondé sur ce principe, que l'amour pour les enfants doit être animé par un zèle pur et surnaturel qui nous dévoue à leur âme, pour la gloire de Dieu et pour leur bonheur éternel. »

III

Les soins obligés du catéchiste, disait souvent M. Garnier, sont d'autant plus importants, que, de nos jours, les enfants trouvent plus rarement dans la famille l'aliment de la vie religieuse. En général, l'âme n'y est plus modelée dans les habitudes chrétiennes. Les parents les plus vertueux gémissent de leur insuffisance. Chez la plupart Dieu ne règne plus : on ignore les lois les plus sacrées ; on méconnaît les pratiques les plus obligatoires de la religion, la confession, le devoir pascal, l'abstinence, la sanctification du dimanche. L'enfant respire, non plus l'air de la foi, mais l'indifférence partout autour de lui ; il ne trouve souvent dans la famille qu'une nuit désastreuse où il n'entend prononcer le nom de Dieu qu'au milieu des blasphèmes. Pour lutter avec quelque succès contre tant d'influences pernicieuses, dit le savant évêque d'Orléans que nous avons plusieurs fois cité, ce qui suffisait autrefois ne suffit plus.

Il faut à l'enfant un autre berceau, une autre éducation de son cœur ; il trouvera cela dans un catéchisme bien fait, où son âme pourra renaître à une vie nouvelle, où la religion écartera de lui l'erreur et le vice, lui montrera des perspectives et une route nouvelle, ouvrira son âme à des vérités, à un amour inconnus, la formera aux pratiques chrétiennes jusqu'au jour où Dieu viendra lui-même prendre possession de son cœur.

IV

Pour qu'un catéchisme soit vraiment utile, il faut des exhortations qui touchent, des exemples qui persuadent, des pratiques qui plaisent, des exercices qui perfectionnent, une bonté qui entraîne.

M. l'abbé Garnier savait admirablement mettre en jeu ces divers moyens avec un merveilleux succès.

Les catéchismes ne s'adressent pas seulement à de simples écoliers, dans la première enfance ; c'est surtout après la première communion, que s'élevant avec les intelligences plus développées, ils produisent des fruits plus profonds et plus durables.

Pour répondre à ce besoin, M. le curé établit un *catéchisme de persévérance,* qui fut un cours suivi et complet de religion; il y développa la doctrine et la morale chrétiennes avec un grand charme de parole et un intérêt palpitant, semant son enseignement de traits piquants, de faits historiques dont sa prodigieuse mémoire était remplies. Dans ces instructions familières et fécondes, il s'élevait parfois à une grande hauteur; toutes les difficultés étaient abordées et pleinement résolues, toutes les objections détruites ; la spiritualité était mise avec une grande onction à la portée de toutes les âmes.

Aussi l'affluence était grande et l'église toujours remplie ; des personnes de tout âge et de tout rang prenaient des notes et faisaient des rédactions pieusement conservées. Ce catéchisme de persévérance était un foyer autour duquel on se pressait avec joie, près duquel les âmes venaient se réchauffer et s'éclairer à la flamme des enseignements les plus purs, se reposer des agitations du dehors, se consoler des tristesses du moment, apaiser les tempêtes du cœur, sous cette rosée du ciel, se fortifier contre les dangers du monde dans les joies confiantes de ces vertus chrétiennes où l'on trouve le calme bonheur de l'âme, où le cœur s'épanouit dans la paix, et où, comme disait Saint-Bernard, le ciel est plus ouvert, l'air plus pur et Dieu plus familier.

Ce catéchisme de persévérance, commencé dès 1853, ne fut interrompu que quand les travaux accablants de l'église neuve et la santé de M. Garnier y mirent un obstacle absolu.

V

La cérémonie de la première communion avait pris rang parmi les fêtes les plus brillantes de la paroisse ; elle était irrévocablement fixée au jour de la sainte Trinité.

Deux années de catéchisme étaient consacrées à cette préparation. Les cours commençaient au lendemain de la Toussaint pour les enfants qui devaient avoir l'âge requis par les statuts.

Le premier jour était consacré à une petite retraite, destinée à faire entrer les enfants dans l'esprit qui doit les animer et les disposer à se confesser au plutôt.

Tout était prévu pour favoriser l'instruction de l'esprit et les dispositions du cœur.

M. le curé avait longtemps souffert d'être obligé de faire les catéchismes au milieu de la nef de l'église. Il était trop bien convaincu avec la *méthode de saint Sulpice* : « qu'il est très-difficile de tenir habituelle-
« ment attentifs des enfants réunis au mi-
« lieu de la nef d'une église paroissiale. Il
« est évident en effet qu'on ne peut fixer
« l'attention des enfants en leur faisant le
« catéchisme, que lorsqu'on leur parle d'un
« ton de voix aisé, facile et naturel, et cela
« est tout-à-fait impossible au milieu d'une
« église. D'ailleurs il est absolument néces-

« saire que le silence règne dans le caté-
« chisme, et que les enfants, naturellement
« si légers, n'aient point sous les yeux des
« sujets de dissipation ; s'ils sont placés dans
« la nef, ne seront-ils pas distraits à chaque
« instant par les passants ou par les curieux,
« sans parler des convois et autres cérémo-
« nies ? etc. »

M. le curé de Nuits voulait donc que les enfants *eussent leur chapelle à eux*, qu'ils y fussent *comme chez eux*, heureux de la posséder et d'en jouir, jaloux de la soigner, de l'embellir pour leurs jours de fêtes, et où personne ne vint les troubler.

C'est là que les enfants s'attachent au caté-chisme et y prennent l'esprit de la famille chrétienne ; c'est là qu'en apprenant à aimer Dieu et leur religion dans les leçons qu'ils y reçoivent, ils goûteront un bonheur dont la trace leur restera comme un souvenir de la maison paternelle.

C'est sous l'inspiration de cette pensée que M. le curé voulut construire la crypte de la nouvelle ég ise, et qu'il l'embellit pour les enfants du catéchisme.

Il éprouvait une grande satisfaction à les voir là recueillis et attentifs aux leçons qu'ils y recevaient.

VI

C'est là aussi que se célébraient toutes les fêtes qui les intéressaient personnellement. Chaque mois une messe s'y disait pour eux. Tous y assistaient ; et pour leur donner une leçon pratique sur la manière de la bien entendre, un frère, tourné vers eux, lisait tout haut, au moment convenable, les prières de la messe, telles qu'elles se trouvent dans le catéchisme. Les enfants devaient suivre attentivement.

En outre de cette messe mensuelle, le catéchisme avait, comme la famille, comme la religion, quelques grandes fêtes plus solennelles, proportionnées à l'âge et aux dispositions des enfants.

M. Garnier avait choisi pour eux les plus belles, les plus touchantes fêtes de l'année liturgique, avec ce qu'elles ont de plus intime et de plus doux.

Ce jour là, la chapelle de la crypte était ornée aussi splendidement que possible ; les parents, les aînés, les amis des enfants y étaient conviés, et l'assemblée y était nombreuse.

Dans le temps de Noël, c'était la fête de *Jésus dans la crèche.* Au jour choisi, une superbe crèche était disposée dans le lieu le plus apparent de la crypte, au milieu d'une brillante illumination. La cérémonie commençait par le chant d'un cantique de circonstance, exécuté par quatre-vingts voix d'enfants. Six d'entre eux, préparés d'avance, étaient interrogés sur le mystère de la naissance de Jésus et sur les moyens d'en profiter. M. le curé commentait avec une suave onction le texte des récits, sachant toujours se maintenir à la portée de tous.

C'est dans ces réunions qu'il proclamait les noms de ceux qui avaient mérité d'être inscrits au tableau d'honneur, et les bons points, et qu'il distribuait les récompenses aux plus méritants.

Comme les petits cœurs battaient, comme les fronts s'illuminaient, comme tous, enfants et parents, étaient heureux quand M. le curé faisait entendre ses félicitations et ses encouragements !

Après le chant d'un cantique, un jeune enfant allait s'agenouiller, un flambeau à la main, aux pieds de la crèche, et faisait, au nom de tous, une consécration à l'enfant Jésus.

La cérémonie se terminait par le salut, suivi du cantique de sortie.

Ces réunions offraient un grand charme.

Une fête analogue avait lieu, dans la semaine de Pâques, sous le titre de *Jésus ressuscité*.

L'émulation entre les enfants du catéchisme était admirablement excitée par la distribution des bons points, par l'inscription au tableau d'honneur et par les bonnes notes. Tout enfant n'ayant eu que de bonnes notes durant toute la période des catéchismes, avait droit à l'*exemption d'honneur* de l'examen.

Ce système, équitablement appliqué, stimulait non-seulement les élèves, mais aussi les parents et les maîtres, légitimement fiers d'un pareil succès.

VII

L'examen pour l'admission à la première communion se faisait quatre semaines avant la fête de la Trinité, en présence des parents publiquement invités.

Pendant les quatre jours qui précédaient la première communion, avait lieu une retraite bien sérieuse, bien attentive, où on préparait ces jeunes âmes à la réception du divin Sauveur.

Après tant de préparatifs et d'efforts, les premières communions, à Nuits, offraient toujours un grand et beau et édifiant spectacle.

M. l'abbé Garnier avait désiré et obtenu que toutes les personnes pratiquantes, qui avaient fait leur première communion sous son administration, vinssent la renouveler en ce beau jour, qui leur rappelait de si doux souvenirs.

Il se réservait toujours de clore cette touchante cérémonie, en adressant et aux parents et aux enfants les plus tendres et les plus émouvantes recommandations, qui produisaient chaque année un puissant effet sur les cœurs et sur les yeux de toute l'assemblée. Il s'attendrissait lui-même sur ces enfants de sa tendresse, qu'il ne voyait pas sans appréhensions s'éloigner de lui, en s'avançant du côté des dangereuses agitations du monde. Il savait si bien que toute la vie de l'homme est dans l'enfant, comme le fruit est dans la fleur! Ah! sans doute, toute fleur ne donne pas son fruit, elle peut se flétrir. Mais si on n'a pas de fleurs, a dit un pieux moraliste, on n'aura pas de fruits; les années les plus fécondes sont toujours celles qui ont le plus beau printemps.

Au milieu du naufrage des mœurs chrétiennes, Dieu a sauvé, pour les enfants, l'admirable jour de la première communion. Ce jour peut préparer les fruits les plus glorieux de vertus pour la vie entière. Il faut donc cultiver ces fleurs chéries de l'enfance, espoir de la moisson, leur faire voir et admirer la beauté de la vertu, les incomparables bontés de Notre-Seigneur Jésus-Christ. Il pourra se produire des écarts, de longs oublis même ; mais celui qui a goûté la piété dans son jeune âge, qui a connu le don de Dieu, s'il s'égare, il portera en lui un principe de retour. A la mort, que de facilités pour retrouver Dieu dans les âmes qui l'ont aimé dans leur première enfance !

Combien M. l'abbé Garnier aimait ce grand jour de la première communion ! Il y éprouvait les véritables jouissances pastorales. Je voudrais, disait-il souvent, mourir au soir d'une première communion ! C'eût été en effet pour lui s'endormir glorieusement sur le champ de bataille, après la victoire.

CHAPITRE XIII

I

Ce qui précède suffit à démontrer en M. l'abbé Garnier une intelligence supérieure, un ferme caractère qui n'a rien de vulgaire, une foi religieuse qui soulève les montagnes.

On peut dire de lui, sans outrer la vérité, qu'il fut le curé modèle.

Toutes ses pensées, tous ses efforts n'avaient en effet qu'un objectif, la gloire de Dieu dans le salut des âmes. Il avait soif des âmes ; le soin spirituel de ses paroissiens l'absorbait tout entier. Il faisait toutes choses sous l'inspiration de cette pensée pastorale. Il était résigné à tout, même à déplaire, même à donner sa vie pour sauver les âmes qui lui étaient confiées, et qui lui étaient chères par-dessus tout.

Il était intraitable pour tout ce qui pouvait nuire à l'ordre, à l'édification des cérémonies religieuses. Il se privait des relations qui lui étaient le plus agréables, renonçait à toutes les récréations, à tous les plaisirs les plus légitimes, dès que son ministère pastoral devait en souffrir. C'était par excellence l'homme du devoir.

II

Pour suffire à toutes ses œuvres, à sa vie si occupée, pour résister à toutes les tribulations qui ne lui ont pas manqué, il possédait un trésor inépuisable en ressources et en courage, sa piété.

Jusqu'à la fin il resta fidèle, comme au séminaire, aux pieux exercices qui font le vrai prêtre ; son lever était aussi matinal

que dans les ordres religieux les plus austères. En toute saison, il était debout à
quatre heures, et même à trois heures dans
les dernières années.

Après la prière et la méditation, il récitait
son bréviaire. Puis, dans une seconde méditation tout à fait pratique, il faisait passer
dans la balance de sa pensée, ou plutôt de sa
conscience, les différents devoirs de chaque
jour, toutes les relations prévues, toutes les
occasions qui pouvaient naître, les diverses
affaires qui pouvaient surgir, prévoyant
d'avance ce qu'il conviendrait de dire ou de
faire, comment il devrait traiter avec telle
âme. En un mot, il cherchait les meilleurs
moyens qui devaient être employés dans
l'intérêt du bien. Ainsi armé, il était toujours préparé à lutter contre toutes les difficultés, et l'imprévu n'existait guère pour
lui.

Tous les jours, il était de bonne heure à
l'église : à six heures du matin son confessionnal s'ouvrait, se tenant lui-même à la

disposition de quiconque venait réclamer son ministère.

Sa piété se manifestait dans la perfection qu'il exigeait dans les moindres détails du culte, particulièrement dans ses avis sur la sainte Eucharistie.

Il officiait avec une dignité qui édifiait (1). Il fallait que ses souffrances fussent bien vives pour qu'il se privât de célébrer sa messe quotidienne. Le dernier dimanche qu'il devait passer sur la terre était venu ; il pouvait encore se lever ; ses parents, qui suivaient douloureusement les progrès du mal, le suppliaient de ne point aller à l'église. « Vous ne savez pas ce que c'est que l'âme d'un prêtre, répondit-il, la célébration de la sainte messe me fera du bien. » Et il se rendit à l'Eglise.

Dans les réunions où il se trouvait, il prenait volontiers sa part à la conversation ; il

____

(1) Un jeune servant de messe disait à sa mère : « Quand M. le Curé célèbre la messe, il ne ressemble pas à un homme ordinaire ; il doit voir le bon Dieu. Quand nous le regardons, nous sentons quelque chose d'extraordinaire, qui nous rend plus recueillis et plus sages.

y apportait d'ordinaire un grand entrain et on l'écoutait toujours avec intérêt. Si une discussion se produisait, il mettait en ligne tant de raisons à l'appui de son opinion, qu'on lui cédait le plus souvent.

Et pourtant, il se trouvait en lui un fond de modestie et de modération qui se manifestait à l'occasion. Les qualités supérieures dont Dieu l'avait pourvu lui eussent permis d'aspirer à une position élevée. Il n'éprouva jamais ce sentiment. Chargé de la direction d'une paroisse relativement modeste, il ne recherchait aucune dignité plus élevée. On lui offrit d'être chapelain dans une grande et très-puissante famille, il refusa. Sa conscience lui imposait de demeurer sur la brèche, au moment où se livrait un combat acharné contre l'Eglise. Un vénérable archevêque lui offrit un grand vicariat, qui l'eût mis en évidence; il refusa encore, préférant une humble position dans son diocèse. A des personnes qui lui témoignaient leur étonnement et leur regret de ce qu'il n'était pas même chanoine honoraire, il répondait :

« Pourquoi le serais-je plutôt que beaucoup d'autres? Je n'en serais pas plus dévoué à ma paroisse ! »

Une fois pourtant il se fit solliciteur auprès de son chef hiérarchique, et lui demanda une faveur. C'était, je crois, en 1854. Sa santé était profondément ébranlée; il éprouvait une grande lassitude morale, et il désirait une petite paroisse de campagne pour refaire ses forces et rafraîchir son courage. La cure de Grosbois était vacante. M. le duc d'Harcourt, ayant reçu la confidence de ce projet, accourut à l'Evêché pour demander que son ami fût envoyé dans cette paroisse, qui était la sienne. Les efforts du noble duc et ceux de M. Th. Foisset furent inutiles : Monseigneur l'Evêque offrit du repos au malade, mais voulut le conserver dans un poste qui avait besoin de lui.

IV

S'il lui arrivait de faire sentir trop vivement des torts, où s'il soupçonnait qu'une de ses paroles avait pu blesser, il n'hésitait point à aller présenter ses excuses et ses regrets à la personne offensée.

Lui faire une injure, user envers lui d'un mauvais procédé, était un titre à une plus grande bienveillance de sa part ; il savait saisir l'occasion d'une prévenance délicate, d'une commisération affectueuse. C'était sa manière de se venger.

Si on lui racontait la trahison d'une âme pour laquelle il s'était grandement dévoué, il ne faut pas désespérer d'elle, disait-il, venez demain prier en sa faveur, à la messe que j'offrirai pour elle.

Un jour que les flots de la malveillance avaient dépassé toutes les bornes, et du côté où il devait le moins les attendre, une personne en témoignait devant lui une bruyante indignation : « Je vois, répondit-il avec calme, que vous n'avez jamais goûté la douceur d'être calomnié pour la cause du bon Dieu ! »

C'est sous l'impulsion de ce même sentiment généreux, qu'il refusa courageusement de laisser livrer au public les preuves de la fausseté des accusations lancées contre lui et les membres de la commission de l'Eglise, à l'occasion des longs démêlés avec l'entrepreneur.

Quand le conseil d'Etat eut tranché les débats en sa faveur, un homme de loi lui écrivit de faire connaître en chaire le jugement qui venait d'être rendu. — « Je ne parlerai publiquement de tout cela, répondit-il, qu'autant que cette formalité serait d'une absolue nécessité. En agissant ainsi que vous dites, je pourrais blesser quelqu'un, et je tiens aujourd'hui comme toujours à ne blesser personne. »

De même qu'il pardonnait avec une ampleur vraiment catholique, il aimait à exercer le doux ministère de la paix et de la conciliation entre des familles ou des personnes divisées. Comme il savait trouver les paroles qui menaient au pardon des injures ou à un évangélique oubli ! Comme il savait faire descendre l'apaisement dans les cœurs irrités !

C'est surtout entre les âmes et Dieu qu'il savait ramener la paix. Dès qu'il pouvait aborder un mourant, il l'entraînait par ses bonnes et pieuses exhortations, le ramenait aux sacrements, et s'il l'avait trouvé lançant le blasphème, il le laissait bénissant Dieu. Pendant sa longue administration, malgré les mauvais entraînements du temps présent, son attentive sollicitude et ses procédés bienveillants et habiles ne permirent pas que la paroisse de Nuits fût une seule fois attristée par le scandale d'un enterrement civil.

V

M. l'abbé Garnier était autoritaire par nature et par raison. « Un des grands malheurs de notre temps, disait-il, se trouve dans l'affaissement de l'autorité à tous les degrés. L'autorité se défie trop de sa propre puissance ; elle n'a plus confiance en elle. De là ses défaillances devant ceux qui menacent de lui résister, et ses exigences envers ceux qu'elle croit faibles.

On ne sait plus commander parce qu'on ne sait plus obéir. Il importe de réagir contre les entraînements exagérés vers l'indépendance de notre temps ».

On [était frappé de l'empressement respectueux qu'il mettait à déférer aux ordres de ses supérieurs. Il ne voulait aucune brèche à l'autorité sacrée de l'Eglise, aucune résistance aux ordres légitimes dans toute la hiérarchie.

En donnant l'exemple de la soumission, il voulait lui-même être obéi pour ce qui était de son ressort. Il veillait à ne pas dépasser ses droits ; il commandait avec bonté, mais sa fermeté ne souffrait point de résistance. Il avait la responsabilité de l'ordre dans l'administration religieuse de sa paroisse, et il voulait que l'ordre fût fidèlement maintenu dans toutes les choses essentielles.

VI

M. l'abbé Garnier portait dans les affaires un jugement libre et ferme, une sagacité pénétrante, une prudence hardie et un courage tranquille, qui faisait de lui un homme pratique et un conseiller sûr. Il excellait à pressentir toutes les conséquences possibles, même éloignées, d'un événement, d'une démarche, d'une parole. Il connaissait à fond tous les arcanes du cœur humain, qu'il savait saisir à propos pour en tirer le parti le plus utile.

Je vais citer un fait à l'appui de ce que j'avance.

Nuits avait alors pour maire un homme remarquable à plus d'un titre. M. le docteur Duret était un esprit intelligent et droit. Né dans les jours troublés de la fin du dix-huitième siècle, il appartenait à ce libéralisme bourgeois qui eut son triomphe en 1830. Il en avait les idées et les préjugés contre l'Eglise. A côté de sa droiture un peu rude, il montrait parfois une simplicité et une humilité toute chrétienne. Il avait en grande estime la personne de M. le curé et l'élévation de son caractère. Ces deux natures avaient, du reste, la question religieuse à part, bien des points de contact. Ils professaient l'un pour l'autre une grande considération et une mutuelle confiance. Dieu tint compte à M. Duret de ses qualités naturelles et des services qu'il avait rendus à sa ville et à un grand nombre de personnes, et lui accorda une mort édifiante, sous les exhortations de son curé, resté son ami jusqu'à la fin.

Il existe à Nuits deux écoles, l'une laïque, l'autre congréganiste; toutes les deux bien tenues et entre lesquelles il ne règne qu'une louable et féconde émulation.

Quelques personnes bien intentionnées, mais d'un zèle intempestif et sans aucun mandat, avaient engagé certaines familles à envoyer leurs enfants à l'école des frères. M. le maire le sut et, quelques jours après, dans une séance du conseil municipal, il fit entendre des plaintes violentes à l'adresse d'un conseiller, qui était à la fois président de la société de Saint-Vincent de Paul et trésorier de l'œuvre des frères. Celui-ci, justement blessé, protesta vivement contre des attaques aussi imméritées qu'inconvenantes.

A l'issue de la séance, il fit part à M. le curé de cet incident, déclarant son intention de donner sa démission.

« Je vous demande de n'en rien faire, lui fut-il répondu, et de continuer le bien commencé. J'attendais une circonstance favorable pour aller demander à M. Duret sa souscription pour l'église et pour les frères. Cette circonstance la voici, et j'en userai dès demain matin. »

M. le président de la société de Saint-Vincent de Paul s'étonne et ne comprend rien à ce langage.

M. le curé, connaissant le caractère élevé de M. Duret, s'était dit : Cet homme se reproche amèrement sa sortie immodérée contre un homme de bien, étranger à la faute qu'il a voulu signaler ; il profitera de l'occasion que je vais lui offrir, et il ne refusera pas une bonne œuvre pour réparer ses torts.

Le lendemain, après sa messe, M. l'abbé Garnier se dirige vers la demeure de M. le maire. Au bout d'une demi-heure, il sort, passe par le jardin de l'hôtel-de-ville, où l'attendait M. de Grandry, empressé de connaître le résultat de cette étonnante démarche. Voici, dit-il à celui-ci, 25 francs que M. Duret m'a chargé de remettre au trésorier de l'œuvre des frères, et voici une souscription de *cinq cents francs* pour l'Eglise. Nouvel et plus grand étonnement de M. le président de la société de Saint-Vincent de Paul.

VII

Tout était réglé dans cet homme si heureusement pondéré ; il puisait ses déterminations dans les conseils de la foi, de la raison, de la méditation. Il visait toujours et en tout au résultat pratique qu'il s'agissait d'atteindre. Malgré sa bouillante nature, il ne se heurtait pas imprudemment à l'obstacle; il cherchait l'objection pour la combattre et la détruire. Je l'ai toujours vu résister à l'entraînement de l'humeur pour agir avec la prudence de la réflexion.

Il avait, au physique et au moral, plus d'un trait de ressemblance avec Saint-François de Sales, et savait, comme lui, posséder son âme dans la patience et dans la paix.

VIII

Nous vivons en des jours où la politique a la prétention de tout absorber. Il est impossible de demeurer étranger à ces fluctuations gouvernementales, à ces luttes perpétuelles qui enlèvent à la fois la stabilité de l'Etat et la tranquillité publique.

M. l'abbé Garnier, sans nulle ambition personnelle, ne s'en préoccupait qu'au double point de vue de la grandeur et de la prospérité de la France, et des intérêts bien compris de la religion.

Il était de sang bonapartiste ; son enfance avait été bercée dans la maison paternelle par les récits dramatiques de cette glorieuse épopée guerrière, si longtemps brillante de victoires, et qui avait disparu tout-à-coup sous les efforts de l'Europe effrayée et de la France lassée du despotisme.

Mais quand arrivé à la vie d'homme, son intelligence lui permit de juger par lui-même, quand il fut mêlé au mouvement de la société, et qu'il eut pesé les événements humains, dans la balance des véritables inté-rêts du temps et de l'éternité, sa nature droite et généreuse éprouva un grand désen-chantement. En voyant ce perpétuel écrou-lement de royautés, d'empires, de républi-ques, il souffrait de ces renversements et s'instruisait à ces spectacles. Il jugeait avec un calme attristé les torts des partis qui divisent et affaiblissent la France.

Selon lui, le prêtre doit rester l'homme

de tous, par conséquent ne s'inféoder à aucun drapeau ; mais il n'a pas le droit de rester étranger à la défense de la religion attaquée, non plus qu'à la paix et à la prospérité morale du pays. Le clergé forme le corps des officiers de l'armée catholique, il doit en remplir les devoirs et en porter les charges.

Dans les longues causeries de nos promenades solitaires sur la montagne de Chenôve qu'il affectionnait, nous nous entretenions souvent de la marche de nos sociétés modernes et de l'état des esprits en Europe et particulièrement en France.

Il jetait un regard mélancolique sur les égarements des pouvoirs publics, qui se succèdent et se placent perpétuellement en lutte avec l'Eglise. Quel aveuglement de faire appel aux mauvaises passions populaires pour diminuer l'influence de la religion sur les masses ! Il s'animait en développant ce qu'il conviendrait de faire pour la défense des fondements de la société ébranlée, et pour rétablir la force de la nation. Il signalait les salutaires transformations que la

main d'un pouvoir, plus occupé de la France
que de lui-même, aurait à opérer dans les
rapports de classe à classe, dans les lois,
dans l'enseignement, dans les idées, la philosophie, les mœurs, les relations avec l'E-
glise, véritable principe de vie et de force
pour tout gouvernement. Quel spectacle
attristant qu'une nation incapable ou lassée de liberté ! Elle n'a plus à attendre que
la honte de la servitude ou la tyrannie. Le
gouvernement de 1830 et l'empire qui lui a
succédé ont fait fausse route, en s'occupant
trop et maladroitement d'un intérêt dynas-
tique, et en cherchant une popularité mal-
saine, sans tenir compte suffisamment des
éléments qu'ils écartaient ou mettaient en
œuvre.

Dans l'état actuel de nos mœurs, et en
présence des appétits égoïstes de ceux qui se
donnent pour les représentants de la République, il regardait cette forme de gouvernement, en France, comme un instrument
qui brise la main de l'homme d'Etat. Ce
qui fait durer les institutions les plus jeunes

comme les plus vieilles, c'est le respect. Et il trouvait que notre jeune République ne respecte rien, ni les institutions, ni les droits acquis, ni la religion. Je ne vois qu'abîme dans la marche de notre société française ; il n'y a de salut pour elle qu'en acceptant franchement les forces vives que le catholicisme seul peut donner. Là et là seulement se trouvera l'apaisement des esprits qui font effort pour remonter ou descendre la pente des révolutions.

Ces entretiens, d'une élévation non commune et pleins d'intérêt, sont présents, comme d'hier, à mes souvenirs.

IX

En même temps qu'il regrettait l'antagonisme que les hommes au pouvoir maintenaient entre le gouvernement et l'Eglise, il montrait en tout et partout les sentiments du plus pur patriotisme. Il voulait une France puissante et glorieuse. Il stigmatisait tout ce qui tendait à l'affaiblir. Que de fois il a prêché l'union de tous les Français, pour que leur cohésion rendit à notre pays sa prépondérance dans le monde.

Dans les désastres de la funeste guerre de 1870, chacune de nos défaites lui faisait saigner le cœur. Durant l'invasion de la Côte-d'Or, il força les Prussiens à respecter son autorité, et, plus d'une fois, il arracha au vainqueur des concessions en faveur de ses paroissiens, et lui fit modifier ses décisions.

Pendant l'occupation de Nuits par les Prussiens, un habitant (1) commit l'imprudence de tirer sur des oiseaux. L'ennemi, plus que chatouilleux sur la question du coup de fusil, accourut, s'empara du téméraire chasseur, en qui il ne veut voir qu'un franc-tireur déguisé. On allait, sans plus de forme, le passer par les armes, quand M. le curé, prévenu, accourt, s'adresse au chef prussien et plaide si bien la cause du pauvre

(1) M. Gobert.

chasseur prisonnier, qu'il obtient sa vie et sa délivrance.

Un jour il eut à loger l'aumônier du détachement prussien qui se trouvait à Nuits. Il apprit que la musique ennemie devait venir devant le presbytère donner une sérénade à cet aumônier, à l'occasion de sa fête. M. le curé fit sentir l'inconvenance d'un pareil procédé, déclara que si ce projet se réalisait, il quitterait sa demeure avec sa mère et sa nièce. Sa ferme attitude empêcha cette démonstration inconvenante.

Durant les rigueurs de cette guerre, il accueillit chez lui une foule de soldats français souffrants ou affamés, leur prodiguant ses soins et satisfaisant à tous leurs besoins. On l'a vu s'agenouiller devant des blessés pour leur baiser les pieds. Tous mangeaient à sa table.

De bonnes paroles d'encouragement accompagnaient toujours sa cordiale hospitalité.

Nous avons dit ailleurs le dévouement qu'il montra aux blessés français, le soin qu'il prit de leurs âmes, la pompe qu'il sut mettre à la célébration des services religieux fondés en leur faveur, et le discours patriotique qu'il fit entendre au premier anniversaire de la bataille du 18 décembre.

CHAPITRE XIV

Luttes pastorales. — Ses vicaires. — Les hospitalières. — Ses vaillantes amitiés. — Ses condisciples. — Ses paroissiens, attentions généreuses envers des inconnus. — Dévouements et affections qu'il attire. — M. Duret. — M. Félix Marey. — Madame Geisweiler. — Offrandes de la reconnaissance et de l'attachement.

I

Comme toutes les personnalités en relief, comme tous les hommes qui se sont élevés au-dessus du vulgaire par la supériorité de leur intelligence, par l'éclat de leurs œuvres et la fécondité de leur vie, M. l'abbé Garnier a rencontré autour de lui, ainsi que le divin Maître, des dénigrements, mais aussi de vaillantes affections.

Notre pauvre humanité est ainsi faite : les invalides de l'intelligence, et ceux dont le débile courage ne sait rien produire, souffrent impatiemment les caractères éle-vés et énergiques qui réalisent le bien et font avec succès l'œuvre de Dieu. La basse et mesquine envie, qui ne supporte aucune supériorité, se fait jour, à l'écart, essayant dans de malveillantes insinuations à tout rabaisser à son niveau. M. Garnier ni ne s'en troublait, ni ne s'en étonnait ; il savait se tenir au-dessus de certain courant d'opi-nion, produit de l'erreur ou d'une jalousie intéressée, mais qui n'a qu'un temps. Il pa-raissait ne rien voir, ne rien savoir. Il était assez fort pour attendre patiemment l'heure de la justice et de la vérité. « Il y va de la grandeur de l'homme et de la dignité du prêtre, disait-il, de savoir se contenir et de laisser la porte ouverte au retour des gens mal intentionnés, quand ils reconnaîtront leurs torts. »

C'est ainsi qu'il en a usé, au milieu des difficultés persistantes, dans la construction de sa nouvelle église.

Toujours et en tout ce système lui a réussi.

Dès son entrée dans le sacerdoce, il avait fait son apprentissage de l'injustice et de l'injure. Jamais ses labeurs et son invincible dévouement ne cherchèrent d'autre témoignage que celui de sa conscience. Toutes ses luttes pastorales ont été soutenues dans cet esprit.

C'est toujours dans la propagation et le triomphe du christianisme qu'il a placé toutes ses espérances pour l'avenir du monde et la prospérité de la France. Les attaques qui l'indignaient invinciblement sont celles qui visent à diminuer le règne de Dieu dans les âmes.

Il a vécu sa vie dans les jours difficiles et troublés du XIXe siècle, où toutes les injures, toutes les calomnies ont souvent trouvé faveur dans les gouvernants, quand elles étaient dirigées contre la religion, qui pourtant n'est jamais absente de l'intérêt public. Il s'élevait contre cette presse corrompue et corruptrice qui trompe les simples et les faibles, avec sa verve railleuse et impie ; il déplorait, comme un grand malheur, le manque de caractère dans les gens de bien. « Le défaut de virilité, la peur, la trem- « blante peur, répétait-il, enhardissent les « artisans du mal ; la prudence humaine du « laisser-faire multiplie les empiétements « et les ruines, sans jamais produire le « moindre profit. Il n'y a qu'une habileté, « l'habileté du vrai et du juste. Tout le reste, « en présence de la violence et de la mau- « vaise foi de nos ennemis, n'est que dupe- « rie, inintelligence ou trahison des intérêts « religieux et sociaux ; cette prétendue pru- « dence ne va à rien moins qu'à dessécher « la sève catholique, à dévaster les âmes, à « laisser l'impiété se faire populaire. »

II

Le public s'est occupé de tiraillements qui auraient eu lieu entre M. le curé et ses vi- caires. Par suite du système qu'il s'était imposé de ne se plaindre de rien, ni de per-

sonne, l'exagération a pu se donner amplement carrière.

J'ai sous les yeux de nombreuses lettres
de presque tous les prêtres qui se sont succédé dans les vicariats de Nuits, sous son
administration pastorale : cette correspondance est toute entière remplie de sentiments d'estime, d'affectueux respect et d'une
entière reconnaissance pour l'heureuse direction et les habitudes sacerdotales puisées
dans les conseils de M. Garnier et dans ses
exemples. S'il s'est rencontré quelque exception, elle se perd dans le concert de la presque unanimité, et je ne dois pas en parler
davantage (1).

______

(1) M. Garnier s'occupait perpétuellement d'améliorer la
situation de ses vicaires ; il espérait leur procurer un loge-
ment avec la maîtrise. Il en est qu'il a généreusement soutenus
de sa bourse dans des moments de gêne. Il savait les défendre
contre les attaques injustes, et nous pourrions en citer qui
avaient pour lui une affection vraiment filiale.

III

Dans les premières années de son ministère à Nuits, on parla durant quelque temps d'un litige qui aurait existé entre le chef de la paroisse et une communauté religieuse.

M. le curé était entièrement pénétré de cette idée, que l'intérêt des âmes ne lui permettait pas de laisser faire dans le service religieux quoique ce soit qui pût porter atteinte à l'unité paroissiale. Ainsi qu'il arrive habituellement, il y eut des appréciations exagérées, et je profite de ce récit pour montrer, dans un acte officiel librement accompli, que les religieuses hospitalières avaient compris les hautes qualités de leur curé et ses bienveillantes dispositions envers elles. Elles donnèrent en effet une preuve authentique de leur confiance pleine et entière en lui, en le demandant pour supérieur à l'autorité diocésaine.

Voici le texte même de la supplique

qu'elles adressèrent à Monseigneur l'Evêque
de Dijon :

Nuits, le 20 janvier 1861.

Les Sœurs hospitalières de Nuits à Mgr l'Evêque
de Dijon.

Monseigneur,

Nous avons l'honneur de vous exposer par la
présente que nous désirerions avoir M. Garnier,
curé de Nuits, pour supérieur, pour notre supérieur
en second bien entendu, puisque vous, Monseigneur, êtes notre premier supérieur.

Nous sentons que nous avons besoin d'avoir un
supérieur plus près de nous, pour nous aider d'un
concours plus actif et plus prompt, c'est-à-dire pour
nous aider de ses conseils et de ses lumières. Nous
vous réclamons cette grâce, Monseigneur, dans l'intérêt du bien de nos âmes et de toute la maison.

Nous espérons, Monseigneur, que vous prendrez
en considération notre demande et l'accueillerez favorablement. Bien que M. le curé ne soit pas in-
formé de cette démarche auprès de Votre Grandeur
et qu'il ne désire pas cette charge, nous osons espérer qu'il voudra bien l'accepter pour le bien de nos
âmes, car son grand zèle ne connaît point de borne
quand il s'agit de faire le bien.

Nous avons l'honneur d'être avec le plus profond

respect, Monseigneur, de Votre Grandeur les très-humbles et très-obéissantes servantes.

Sœur Arnould, *supérieure.*
— Edouard, *assistante.*
— Reimond, *conseillère.*

Deux jours après, le 22 janvier, Monseigneur l'Evêque écrivait à M. le curé : «...Je vois avec grande joie mes chères filles de votre hôpital, formuler cette demande. Je n'hésite pas à faire droit à leur pieux désir. Toutefois j'ai voulu avoir votre assentiment avant de leur répondre. Je sais votre dévouement sans borne et je ne doute pas de votre acquiescement....»

M. le curé n'hésita pas et répondit favorablement à la requête de ses religieuses et aux désirs de son chef; il se chargea de la direction de la communauté : chaque année il y donnait une retraite, qui était fort goûtée, dont les religieuses faisaient bon profit et pour laquelle elles témoignaient la plus entière reconnaissance.

IV

Mais si comme tout bon prêtre il a eu des luttes à soutenir, des combats à livrer contre l'esprit du mal, son cœur qui avait besoin d'affection s'est reposé délicieusement dans de douces et vaillantes amitiés.

Nul plus que lui, en effet, ne fut sensible et fidèle à l'amitié. Il parlait volontiers et avec enthousiasme de ses amis; il savait faire valoir les qualités d'autrui, un léger service reçu, la moindre attention délicate. De sa vaste correspondance, il ne conservait guère que les lettres qui lui apportaient des sentiments affectueux, et elles sont nombreuses. Ses absorbantes occupations ne lui permettaient pas de longues visites, et le forçaient de restreindre ses relations. Il en souffrait et m'en a souvent témoigné le regret. Mais alors les amitiés qu'il cultivait n'en étaient que plus intenses. Quand on avait touché à son cœur si aimant, si communicatif et si délicat, on était entraîné invinciblement à lui. Quelle cordiale gaieté il apportait dans l'intimité de la vie! Quel entrain dans la conversation! Quel attrait dans les récits! Il n'aimait point à demi, et on l'aimait tout entier.

Nous avons vu ses relations pleines de tendresse avec M. le duc d'Harcourt. Il avait, comme le droit de cité dans cette famille, qui le traitait comme un de ses membres.

Il vivait en parfaite communion d'idées et de cœur avec M. Th. Foisset, grand chrétien, grand homme de bien, la plus haute personnalité intellectuelle de notre contrée. M. Foisset en faisait le plus grand cas et le tenait pour un prêtre éminent. « Mon père, « écrit M. Paul Foisset, ne cessait de se « féliciter du bonheur ineffable et rare d'a- « voir trouvé une âme répondant à la sienne, « par la très-droite et très-pure simplicité, « par l'oubli total de sa personne et l'amour « brûlant et éclairé du règne de Dieu ici-bas. »

Plus d'un demi-siècle écoulé n'avait rien enlevé à la jeunesse de la fraternelle affection qu'il avait contractée sur les bancs de l'école avec ses condisciples restés comme lui fidèles à l'amitié, et qui aujourd'hui n'évoquent son souvenir que les larmes dans les yeux (1).

M. Poinsel, l'éminent doyen du Chapitre, l'honorait de son estime et d'une grande affection (2).

V

Comme il parlait avec une affection reconnaissante des chrétiens dévoués qui l'avaient aidé, à Nuits, à fonder les Œuvres catholiques ! Que de fois je lui ai entendu répéter, avec un véritable attendrissement, les noms

(1) Les amitiés, disait-il, sont comme les vins de Nuits, les plus vieilles sont les meilleures. Avec elles on jouit du passé avec le présent, et en les dégustant, on y trouve toujours un parfum exquis qui dilate le cœur et le réchauffe. Aussi rien ne le contristait comme les trahisons de l'amitié.

De temps en temps. quand il éprouvait un besoin de repos, il allait se délasser à Arcenant ou à Echevronne, auprès de MM. Pacquetet et Dufour, tous deux prêtres de mérite, ses condisciples et amis de Séminaire.

Deux fois par année, après les fatigues du temps pascal, et aux grandes vacances, à son retour des eaux, il venait chez moi passer quinze jours à Chenôve, « où il respirait, disait-il, un air de jouvence et reprenait des forces aux bains de l'amitié. »

(2) Voir note justificative, à la fin du volume.

de MM. Marey de Gassendi, Félix Marey, Louis Thomas, Golmard, de Grandry, Misserey, Méray, gens toujours prêts à favoriser le bien, en payant de leur personne et de leur bourse. Je ne puis oublier le nom de M. Roux, son trésorier de la fabrique et de la commission de la nouvelle église, qu'il se plaisait à citer comme un ouvrier courageux et infatigable, qu'il avait distingué tout jeune, et qu'il avait soutenu de ses leçons et de son affection, dès son arrivée dans son ancienne paroisse de Gissey.

Quand Mme Bailly-Rameau, quand Mlle Louise Moissenet succombant aux fatigues qui remplissaient leur vie, furent retenues par l'âge, les infirmités, la maladie, il les visitait chaque jour, quelles que fussent ses occupations, leur prodiguant les consolations et les encouragements. C'était, disait-il, une dette sacrée dont il s'acquittait.

Son cœur se penchait invinciblement partout où il sentait un appui à son ministère pastoral.

Que de fois il s'est félicité du dévouement

des filles de Saint-Vincent de Paul, en faveur de la jeunesse, des pauvres, des malades, des mourants de sa paroisse ! Il savait
leur faire sentir sa satisfaction et sa reconnaissance.

Il avait conquis à Nuits, dans toutes les
classes, des affections admirables auxquelles il avait lui-même fidèlement répondu.
Ces affections l'ont suivi au-delà de la tombe.

VI

Il n'était pas nécessaire d'appartenir à
son intimité, pour exciter la sensibilité de
son cœur généreux.

Un jour, dans un wagon, il se trouvait à
côté d'un soldat, dont la pâleur accusait la
souffrance. Il s'enquiert de son état ; le
pauvre militaire venait de loin ; il avait
perdu sa bourse et était dévoré par la
faim. M. le curé se lève, expose la fâ-
cheuse situation du jeune homme, et fait
un appel à la charité en sa faveur. Il verse
lui-même la première offrande dans son

chapeau, qu'il fait circuler de rang en rang. Quand il eut compté le produit de la quête, « Messieurs, dit-il, nous n'avons pas réuni la somme nécessaire pour le voyage de notre troupier, et nous allons recommencer. » Lui-même donne encore l'exemple.

Arrivé à Dijon, il conduit le jeune soldat au buffet, lui fait servir un repas suffisant, lui assure quelques provisions pour le reste du voyage, lui met dans la main ce qui reste de la collecte faite à son intention, lui souhaite bon voyage et le laisse enchanté de l'heureuse rencontre qu'il a faite.

Une autre fois, dans une gare, il aperçoit une jeune paysanne qui versait d'abondantes larmes. L'employé refusait de la laisser pénétrer dans la salle d'attente, parce qu'elle n'avait pas de billet. Il l'interroge. La pauvre voyageuse voulait aller à Paris, dans une famille dont elle avait déjà oublié l'adresse, et elle n'avait pas la moindre somme pour son voyage. M. le curé prend son chapeau, y dépose son offrande et fait une quête autour de lui pour cette fille très-peu intelligente. Il finit par découvrir l'adresse de la famille où elle se rendait, l'écrit sur une feuille de papier et la confie à une personne qui se rendait également à Paris, et qui promit de conduire la pauvresse au lieu indiqué.

Il prit un billet et conduisit au wagon de départ la voyageuse inexpérimentée.

Nous savons des actes de générosité, plus importants et plus admirables, qui se. sont produits à Nuits, mais que nous ne pouvons citer ; les personnes qui les ont recueillis, sont encore vivantes.

VII

Dieu a ménagé au prêtre animé de l'esprit de Dieu, comme un aide et un encouragement, une affection spéciale qui va de lui aux âmes et des âmes à lui ; cette affection n'est pas seulement ce sentiment délicat qui relie deux amis, qui rattache la mère à l'enfant et l'enfant à sa mère et les époux entre eux, c'est tout cela réuni, avec un calme saisissement qui comporte toutes les abnégations, tous les généreux sacrifices. Ce sentiment ne va pas seulement au cœur, il pénètre jusque dans les profondeurs de l'âme ; il a quelque chose d'infini, parce qu'on aime en Dieu l'être infini qui est tout amour.

Le prêtre, quand il le faut, donne sans hésitation tous ses labeurs, sa santé, sa vie, par amour pour les âmes. Les âmes à leur tour, emportées par une reconnaissance surnaturelle, en se donnant sans réserve à Dieu, entourent l'instrument divin d'une reconnaissance transcendante, qui leur rend faciles tous les sacrifices.

M. l'abbé Garnier a senti abondamment cet échange de sentiments avec les âmes qui avaient eu le bonheur de recevoir sa direction.

Nous trouvons dans ses papiers des témoignages qui l'honorent et qui démontrent l'attachement qu'il savait inspirer.

M. le docteur Duret lui écrivait le 6 mars
1866 :

« Quand je pense aux témoignages de
« haut intérêt que, dans de bien pénibles
« circonstances, vous avez prodigués à ma
« famille, je veux que vous croyiez bien
« que ni moi ni les miens nous n'oublie-
« rons jamais ce que nous vous devons de
« respect et de reconnaissance pour les con-
« solations que vous nous avez appor-
tées..... »

Après la mort chrétiennement édifiante
de leur vénérable père, les membres de la
famille Duret offrirent en souvenir de lui
à M. Garnier un ouvrage de sa bibliothèque,
l'*Histoire du Duché de Bourgogne*, avec une
dédicace.

VIII

En mourant, M. Félix Marey laissait le
codicile suivant écrit de sa main :

« M. Garnier, curé de Nuits, n'a cessé de
« témoigner à chacun des membres de ma

« famille et à moi le plus affectueux intérêt,
« sentiments qui lui sont rendus bien sin-
« cèrement par moi et tous les miens.

« Je le prie d'accepter comme souvenir et
« comme témoignage de mon respect pour
« la noblesse de son caractère d'homme et
« de prêtre, la collection complète des œu-
« vres de Guizot.

« Cette mienne volonté ne pourra man-
« quer d'avoir son exécution seulement 1°
« dans le cas où je l'aurais nanti de mon
« vivant de l'ouvrage en question ; 2° dans
« le cas peu probable, ce qu'à Dieu ne plaise,
« que le décès de M. Garnier précédât le
« mien. »

Cette pièce, sans date, est suivie de cette
note :

« Nous nous associons avec bonheur et
« reconnaissance à tous les sentiments ex-
« primés par notre père vénéré. »

MAREY, c^{tesse} LIGER-BÉLAIR.
M. DE GRANDRY.
J. M. D'HÉDOUVILLE.
CÉCILE MAREY.

IX

Nous voulons publier encore une lettre inspirée par le même sentiment d'admirable délicatesse, où le respect, la reconnaissance, la confiance et l'attachement sont fondus les uns dans les autres.

Nuits, 8 septembre 1865.

Monsieur le curé,

Les années qui s'amassent vite sur ma tête m'avertissent du terme de ma carrière.

Je ne serais pas heureuse, Monsieur le curé, si, avant de descendre dans la tombe, je ne m'acquittais pas envers vous d'une dette bien chère à mon cœur, celle de la reconnaissance.

Vous avez été en effet si bon pour moi et pour toute ma famille, vous nous avez donné à tous des marques d'un intérêt si vif, au milieu des épreuves si nombreuses que la Providence nous a envoyées, que nous n'en perdrons jamais le souvenir, qui se perpétuera dans mes enfants.

Je viens donc, Monsieur le Curé, en vous renouvelant nos sentiments de gratitude, vous offrir, comme souvenir, une *Descente de Croix*, tableau que mon pauvre Gustave a laissé.

Mais, Monsieur le Curé, il me reste encore une prière à vous faire, c'est celle de bien vouloir, après ma mort, continuer à mes enfants et petits-enfants cette douce bienveillance dont vous nous avez entourés. Je vous confie ma famille et vous la recommande spécialement. Cette protection lui sera salutaire et me rendra heureuse.

Merci de nouveau, Monsieur le Curé, pour ce dernier gage de vos bontés, sur lequel j'ose compter.

Recevez, Monsieur, l'assurance de ma re-

connaissance et de mes hommages respectueux.

Votre très-humble et très-obéissante ser-
vante,

GEISWELER, née LARBALESTIER (1).

X

Je pourrais citer un grand nombre de
lettres, où se retrouvent les mêmes appréciations et les mêmes sentiments.

Ce ne sont pas seulement des témoignages
isolés et personnels qui se produisent.

Un jour ce sont plusieurs familles, des
plus honorables de la ville, qui lui adressent
ensemble une requête pour le prier « de
vouloir bien se prêter enfin à laisser faire
sa photographie. » On l'avertit que tous les
petits détails sont prévus, afin de ne lui cau-
ser nul embarras et aucune perte de temps.

---

(1) La vénérable Madame Geisweler a survécu à son curé
si bien apprécié. Elle vit encore et ses 97 ans n'ont rien re-
tranché à son intelligence et à son cœur délicat et élevé.

Une autre fois, le 16 juillet 1856, madame Virely de Thomassin, en lui envoyant un charmant et riche huilier en argent, au nom d'un certain nombre de personnes , écrit : « Quelques-uns de vos enfants dévoués, affectionnés et reconnaissants, ayant désiré vous offrir un petit souvenir, se sont réunis et j'ai été chargée de ce soin, en vous priant de ne l'envisager que du côté de l'intention, qui est de vous prouver notre affectueux dévouement.

« Je voulais garder l'incognito comme les autres ; mais j'ai dû céder aux instances qui m'ont été faites ; et maintenant je suis heureuse d'avoir l'occasion de vous répéter que toujours mon cœur sera reconnaissant des bontés sans nombre que moi et ma famille avons reçues de vous. Ce sont là les sentiments de vos autres enfants dont je suis l'organe, et ce doit être aussi ceux de votre nombreuse famille paroissiale, car vous êtes un bon père pour tous... »

Quand la construction de la nouvelle église fut résolue, M. Garnier fut le premier souscripteur. Les aumônes qu'il répandait sans bruit, souvent à des misères cachées, et ses charges de famille ne lui permettaient guère de faire une réserve sur ses modestes ressources. Il vendit donc l'argenterie de sa maison pour en verser le prix dans la caisse du trésorier de la commission de l'église.

Une indiscrétion trahit le secret de cette action généreuse. Une souscription se fit dans le silence et on offrit à M. le Curé une boîte renfermant douze couverts en argent, choisis parmi les plus beaux. Une partie notable de la paroisse voulut s'associer à cet hommage. Ce fut une occasion de témoigner les sentiments dont le pasteur était entouré.

L'envoi était accompagné des paroles suivantes :

« Les vertus apostoliques que vous prati-
« quez sans cesse, la sollicitude pastorale
« que vous nous témoignez en toutes cir-
« constances, nous inspirent pour vous la
« plus profonde admiration et le plus sin-
« cère attachement.

« Permettez donc à vos paroissiens dé-
« voués de vous offrir un faible tribut de
« leur vénération et de leur reconnaissance,
« et de vous exprimer tout ce que leurs
« cœurs renferment de vœux ardents pour
« leur père et bien aimé pasteur.

« Que votre vie s'écoule toute entière au
« milieu de nous, douce, longue, remplie
« des consolations que le cœur seul du prê-
« tre sait goûter.

« Que votre voix vénérée appelle toujours
« sur nous et nos familles les bénédictions
« divines ! Que l'enceinte du temple, deve-
« nue impuissante à nous contenir tous,
« s'élargisse bientôt ! Embrassant alors d'un
« seul regard tous vos paroissiens agenouil-
« lés devant Dieu, dociles à votre voix, ne
« formant qu'un cœur pour vous aimer,
« vous goûterez les saintes délices du bon
« pasteur qui s'est fait tout à tous pour nous
« conduire tous à Jésus-Christ. »

Cette adresse est suivie d'une longue liste
de noms.

Ces sentiments de confiance et d'affection se maintinrent toujours.

Quand la nouvelle église fut à peu près terminée, à la fin de 1868, un grand nombre de personnes se cotisèrent pour offrir à **M.** Garnier un nouveau témoignage de leur perpétuel attachement.

On choisit délicatement une pendule représentant une fort *belle église,* sur la base de laquelle on fit graver cette inscription :

A M. le Curé Garnier,

en mémoire

de Saint-Denys reconstruit.

MDCCCLXVIII.

L'envoi de la pendule était accompagné de cette note :

« Vos paroissiens demandent à vous ex-
« primer tout le bonheur qu'ils éprouvent
« de la reconstruction de Saint-Denis.

« Recevez, Monsieur le Curé, l'expression
« de leur profonde reconnaissance, car cette

« œuvre est vraiment la vôtre ! C'est le fruit
« de votre intelligence, de votre persévé-
« rance, de votre dévouement, de fatigues
« et de sacrifices sans borne ! Dieu seul peut
« récompenser un si grand bienfait.

« Mais nos cœurs seront soulagés, s'ils
« peuvent vous offrir un témoignage de no-
« tre joie et de la vénération que nous vous
« avons vouée...»

On ne saurait mieux faire ni mieux dire.

Toutes ces démonstrations constatent élo-
quemment la place que M. l'abbé Garnier
avait su conquérir dans la paroisse de Nuits;
elles furent pour son cœur une surabon-
dante compensation aux résistances qu'il
avait rencontrées et aux fatigues qu'il avait
éprouvées.

CHAPITRE XV

I

L'œuvre laborieuse de son église était terminée ; pour ce qui restait à faire dans les petits détails d'intérieur, les devis étaient arrêtés, les marchés passés, l'argent préparé.

La sentence suprême du conseil d'Etat venait de conclure en sa faveur, sur toutes les revendications induement faites par l'entrepreneur à la Commission de l'Eglise.

La victoire était sur toute la ligne décisive et complète.

Comme il se réjouissait de la liberté pleine et entière qui allait être rendue à son esprit !

« Je vais donc enfin redevenir exclusive-
« ment curé de Nuits, disait-il, n'avoir plus
« à m'occuper de choses matérielles ni de
« litige d'aucune sorte, mais seulement de
« l'exercice de mon ministère et de la sanc-
« tification des âmes ! »

Il comptait que la tranquillité, après tant de pénibles préoccupations, allait permettre à sa santé, dès longtemps atteinte, de reprendre sa vigueur.

Et pourtant à ce moment même il était à bout de force.

Il partit, très agité, pour Contrexeville, où depuis plusieurs années il allait prendre une saison d'eaux.

Il y éprouva des souffrances plus aigües que jamais. Les lettres qu'il m'écrivait étaient pleines de mélancolie, et presque de découragement. Il hâta son retour. Il s'arrêta quelques heures seulement à Dijon.

Je le trouvai fatigué outre mesure; son appétit avait disparu; contre son habitude et malgré mes efforts, il eut quelque peine à se dérider. Il voulut sans plus de retard partir pour Nuits, afin de jeter un coup d'œil sur les travaux qu'à son départ il avait commandés dans l'église Notre-Dame.

II

Le surlendemain, il se rendit à Châteauneuf, espérant que le repos, le silence et l'air natal apporteraient quelque apaisement à son état.

« Je suis très-mal ici, m'écrivait-il quel-
« ques jours après, je ne mange plus, je ne
« dors plus, mes souffrances augmentent au
« lieu de diminuer ; j'ai peine à réciter le
« saint office et à monter à l'autel ; que l'a-
« dorable volonté de Dieu s'accomplisse !

« Je vais rentrer à Nuits. Votre amitié et
« vos bonnes causeries viendront faire di-
« version à mes peines. Je vous brûlerai à

« mon passage à Dijon. Mes forces ne suffi-
« raient pas à me porter de la gare chez
« vous. Priez pour votre meilleur ami... »

En présence du progrès du mal et de son dépérissement précipité, le médecin de Châteauneuf pressait son retour à Nuits, où il trouverait plus facilement les ressources et les soins nécessaires à son état. Dès le lendemain de son arrivée, le lundi, l'aggravation du mal donna de sérieuses inquiétudes. Le mercredi 7 août, une dépêche pressante m'appelait auprès de lui. Je le trouvai vieilli de vingt ans en quelques jours. Je mandai immédiatement de Dijon un de nos amis communs, M. le docteur Dugast, en qui il avait toute confiance. Quelques heures après, l'excellent médecin était près de nous. Il jugea qu'il n'y avait pas un danger immédiat et que tout espoir n'était pas perdu. Je revins avec lui, un peu rassuré.

Mais la mission terrestre de ce grand ouvrier de Dieu était terminée, la mesure de ses mérites était comble; il avait assez souffert et assez combattu ; le làbeur pastoral, les douleurs filiales du prêtre, les peines du père de la famille paroissiale, l'avaient suffisamment mûri pour le ciel ; l'heure de la récompense était venue, Dieu allait le rappeler.

III

« Jeudi 9, dès le matin, m'écrivait M. l'abbé Driot, j'étais près de lui. Au spectacle navrant de ses extrêmes souffrances, je voulus lui suggérer quelques pieuses pensées pour l'aider à porter ses douleurs. Mais j'étais en retard, il était déjà lui au pied de la croix préparant son sacrifice : il demandait pardon à Dieu du fond de son âme de toutes les fautes de sa vie.

« Je lui rappelai sa confiance au Sacré-Cœur, à la Sainte-Vierge, à Saint-Joseph. « Oh ! je les ai bien aimés, s'écria-t-il, je les « aime bien encore ; aussi je compte beau- « coup sur eux en ce moment. »

Un instant après il ajouta : « Je prie pour
« tous mes paroissiens ; j'aime bien tous
« ceux qui m'aiment, et ceux qui ne m'ai-
« ment pas, je les aime bien aussi. »

C'était là son testament à sa paroisse ; il
lui léguait son cœur, en le montrant tel
qu'il était.

Peu de temps après, le frère directeur
des écoles chrétiennes se présenta. Il le
reçut et lui dit : « Cher frère, ouvrez la fenêtre de ma chambre, placez-vous en face de
moi, examinez-moi attentivement, et je
vous ordonne, sur votre salut éternel, de me
dire si vous me trouvez en danger ? »

Il m'avait posé à moi-même cette question ; plusieurs fois déjà dans le passé, il
m'avait ordonné de l'avertir quand on juge-
rait le moment suprême arrivé pour lui.

Quelques heures plus tard, le docteur
Guyton, qui suivait la maladie avec la sollicitude la plus dévouée, constatait une
énorme aggravation du mal. « La mort se
précipite, dit-il, il n'y a plus aucun espoir
à garder. »

Quel coup terrible pour nous qui vénérions et aimions comme un père notre excellent curé.

Je refoulai mes larmes et m'armai de courage pour lui dire : « Vous m'avez fait « promettre de ne vous rien cacher de votre « état ; je dois donc vous prévenir que le « médecin vous trouve en danger, et qu'il « faut vous attendre à aller à Dieu.... » — « *Merci,* me répondit-il avec le plus grand « calme, sans aucun signe d'émotion. Com- « bien ai-je d'heures devant moi ! » — Le « docteur juge que vous avez encore au « moins cette journée. Cependant une crise « peut survenir, qui serait la dernière. »

« Vous avez raison, ajouta-t-il, » et aussitôt il s'occupa de préparer plus spécialement son âme à paraître devant Dieu.

Il fit appeler une personne de confiance qui lui avait souvent prêté son appui et était dans le secret de toutes les affaires de l'église, et il lui traça sommairement ce qu'elle avait à faire pour régler les graves intérêts dont il la chargeait.

Il adressa encore des paroles affectueuses à sa nièce et aux personnes qui l'entouraient. Puis il ne s'occupa plus que de la pensée de l'éternité.

IV

Quand il eut reçu les derniers sacrements, il resta absorbé en lui-même dans la contemplation de Dieu. Bientôt ses idées se brouillèrent. Vers le milieu de la nuit, ses yeux se fermèrent ; il respira doucement jusqu'au matin du vendredi 10 août, où il rendit doucement son âme à Dieu avec son dernier soupir. Sept heures et demie venaient de sonner ; c'était l'heure où chaque jour il montait exactement à l'autel.

La funèbre nouvelle se répandit immédiatement dans toute sa paroisse consternée.

Quelques instants après, la messe était célébrée pour le repos de son âme.

Sa chambre funèbre, tout entière tendue en noir, fut convertie en chapelle ardente.

Il fut exposé sur un lit de repos, revêtu de ses ornements sacerdotaux, une croix sur la poitrine.

Son visage amaigri était celui d'un vieillard ; il reflétait une sorte de joie céleste, sans les contractions des dernières angoisses ; c'était la sérénité du sommeil et cette douce placidité dont l'ange de la mort marque les corps des saints.

Pendant deux jours, ses paroissiens en deuil se succédèrent sans relâche autour de sa dépouille mortelle. J'y ai vu couler bien des larmes ; j'y ai entendu bien des sanglots.

L'amitié a voulu recueillir par la photographie cette belle figure, quoique voilée par la mort.

V

La foule était nombreuse à son convoi funèbre. Plus de cinquante prêtres, la plupart de ses vicaires, avaient tenu à venir, même de loin et malgré la gêne du dimanche, lui apporter ce suprême témoignage.

M. Dard, vicaire général, M. Moreau, curé de la cathédrale, M. de Mayol de Lupé, rédacteur en chef du journal l'*Union*, et M. le juge de paix du canton tenaient les cordons du poële.

Une première absoute eut lieu à la chapelle de l'hôpital, une seconde à l'église Notre-Dame, et enfin une troisième à Saint-Symphorien.

Ceux d'entre ses paroissiens qui ne faisaient point partie du nombreux cortége, étaient massés silencieux dans les rues, comme pour dire un dernier adieu au prêtre qui, pendant près d'un tiers de siècle, avait été leur guide et leur père.

VI

La veille, dans un élan spontané, le conseil de la fabrique avait décidé à l'unanimité que tous les frais funéraires de M. l'abbé Garnier, curé de la paroisse, seraient à sa charge, « *se réservant*, dit la délibération,

« *de payer un plus large tribut de recon-*
« *naissance à la mémoire de ce vaillant et*
« *généreux pasteur, qui restera dans les*
« *souvenirs et les regrets d'une paroisse*
« *qu'il a si tendrement aimée.* »

Quelques jours après, le même conseil prit unenouvelle délibération que nous publions tout entière, parce qu'elle résume la vie de M. Garnier à Nuits et est l'expression des sentiments de la paroisse envers lui.

L'an 1877, le 6 septembre,

Les membres du conseil de la fabrique de Nuits, dûment convoqués, en vertu d'une autorisation spéciale de Monseigneur l'E-vêque de Dijon, se sont réunis au lieu ordi-naire de leurs séances.

Etaient présents, MM. de Grandry, Driot, pro-curé, Roux, Méray, Guyton et Misserey.

La séance ouverte, M. de Grandry, prési-dent, a exposé que, pour répondre aux vœux et à la reconnaissance publique de la paroisse de Nuits, il invitait l'assemblée à délibérer sur l'opportunité de disposer un lieu d'inhumation dans l'église Notre-Dame pour y déposer le corps de M. l'abbé Garnier, curé de Nuits.

Considérant que M. l'abbé Garnier, durant près de trente années, a rempli les fonctions de curé de Nuits avec le zèle le plus éclairé et le dévouement le plus entier envers tous ses paroissiens ;

Qu'il a montré un courage vraiment héroïque dans diverses circonstances, particulièrement dans les épidémies qui ont ravagé la paroisse, et dans les soins patriotiques qu'il a prodigués à nos chers soldats blessés aux combats sanglants de Nuits, en 1870,

Considérant que c'est par son initiative et par son infatigable labeur qu'ont été réunis les fonds nécessaires à la construction et à l'embellissement de l'église Notre-Dame ; que c'est à ses efforts persévérants et habiles que tous les nombreux obstacles ont été surmontés ;

Considérant que le surcroît de fatigues et de préoccupations que cette grande œuvre lui a imposé, a épuisé ses forces et accéléré sa mort ;

Les membres du Conseil estiment que c'est un devoir de justice et de reconnaissance d'offrir à leur si vénéré et si regretté Pasteur, pour repos après sa mort, un tombeau dans cette église, qui est son œuvre, et à laquelle il a donné sa vie.

Son corps, et le monument qui doit le recevoir, rappelleront utilement à la paroisse de Nuits ses enseignements et ses bienfaits, et seront à jamais un éloquent exemple de zèle et de dévouement pour ses successeurs.

A l'unanimité, et au nom de la paroisse reconnaissante, ils prient M. le Ministre des cultes de les autoriser :

1° A exhumer le corps de M. l'abbé Garnier, mort curé de Nuits, le 10 août dernier, et à le déposer dans un tombeau qui sera préparé à l'église Notre-Dame, qui est bien la sienne ;

2° A élever dans l'intérieur de l'église un monument en harmonie avec le style de l'Eglise, et qui portera cette inscription :

ZELUS DOMUS TUÆ COMEDIT ME.

(Ps. LXVIII, x.)

ICI REPOSE
LOUIS-SIMON GARNIER,
NÉ A CHATEAUNEUF, LE XXII SEPTEMBRE MDCCCXII ;
ORDONNÉ PRÊTRE LE XXVIII MAI MDCCCXXXVI ;
NOMMÉ LE VIII JANVIER MDCCCXLVIII CURÉ DE NUITS,
OU IL MOURUT LE X AOUT MDCCCLXXVII.

A L'AIDE DE SOUSCRIPTIONS PÉNIBLEMENT RECUEILLIES,
IL FIT CONSTRUIRE
CETTE ÉGLISE NOTRE-DAME SAINT-DENIS.

IL MOURUT A LA PEINE,
CONSOMMÉ PAR L'ARDEUR DE SON ZÈLE SACERDOTAL.

SA SUPRÊME RECOMMANDATION
A SES PAROISSIENS
FUT DE MIEUX OBSERVER CE COMMANDEMENT DIVIN :
LES DIMANCHES TU GARDERAS
EN SERVANT DIEU DÉVOTEMENT.

CETTE ÉGLISE,

POUR LAQUELLE IL A DONNÉ SA VIE,

LUI DEVAIT UN TOMBEAU.

DATE MIHI JUS SEPULCRI VOBISCUM.

(Gen. XXIII, iv.)

Cette délibération fut immédiatement envoyée à l'Administration supérieure. Le Conseil municipal consulté ne jugea pas que le corps de M. Garnier dût être déposé dans l'église dont il avait gratifié la ville de Nuits, et son avis fut opposé à la délibération fabricienne ; le gouvernement peu clérical d'alors refusa l'autorisation demandée,

Il faut espérer que la France reverra encore des jours où les convenances et la justice retrouveront quelque empire ; c'est alors que cet honneur si bien dû sera accordé.

La fabrique s'est contentée d'ériger un monument à l'église Notre-Dame , *en mémoire* de son fondateur. L'inscription qui précède a dû être légèrement modifiée.

Des lettres vinrent de toutes parts, témoignèrent de la haute estime et de la vénération dont l'entouraient ceux qui l'avaient connu (1).

(1) Une personne qu'il avait longtemps dirigée m'écrivait : « Quelle irréparable perte nous avons faite ! Quel sacrifice « Dieu nous impose ! Vous le savez, vous qu'il aimait tant et « qui le connaissiez si bien. Puisse-je rester fidèle aux avis si « pleins de sagesse qu'il m'a prodigués ! »

En apprenant cette mort, le R P. Théodore, ce bon capucin, qui avait prêché avec tant d'édification le Carême à Nuits, écrivait à son tour : « Quel grand deuil pour Nuits, pour le clergé, pour l'Eglise ! Je pleure avec vous une aussi grande perte ; c'est une grande et belle lumière de moins sur cette terre où beaucoup demandent : où est la lumière ? Celui-ci était véritablement lumière ; il a éclairé beaucoup d'âmes et bien enseigné son peuple.

« On peut le dire : M. Garnier était un des maîtres en Israël, une des gloires du clergé..... ; on pleure longtemps un tel ami, un père si dévoué à son église et à son peuple.

« On se console en pensant que le ciel gagne à nos pertes, et que nous avons un protecteur de plus auprès de Jésus.

« Le bon curé de Nuits a bâti une belle cathédrale au bon Dieu. au milieu de son peuple, et Dieu lui a donné ou va lui donner la métropole du Paradis, où il officiera, prêtre éternel, avec J.-C. »

Une autre personne écrivait : « Quel coup affreux vient de nous frapper ! Il fut un généreux et laborieux ouvrier dans la vigne du Seigneur. On ne conçoit pas de vie mieux employée et plus entièrement dévouée à Dieu... »

« ..... Dieu lui a donné cette couronne que sa vie entière avait si bien méritée, dit un ami de son jeune âge ; au lieu

Dans les semaines qui ont suivi la mort de M. le Curé, toutes les associations pieuses et de bienfaisance qu'il avait fondées et propagées sont venues successivement faire offrir le saint-sacrifice de la Messe pour leur bienfaiteur et père.

Le 20 septembre suivant, la foule assistait nombreuse et recueillie au service de *quarantaine,* célébré pour lui. Tous les curés du doyenné et quelques prêtres amis s'y étaient rendus.

Ainsi vivent, ainsi meurent les saints prêtres, laissant après eux, comme un doux parfum de leur vie, des exemples fortifiants, des œuvres qui leur survivent, et une espérance pleine d'immortalité.

de le plaindre, j'envie son sort... Plusieurs l'ont jugé avec une sévérité imméritée. Combien son âme était affectueuse ! Comme il avait à cœur le bien de l'Eglise et le salut des âmes ! Il ne récriminait pas ; son Eglise parle pour lui... Nous n'entendons plus ses gais propos, ses jugements des hommes et des choses, prononcés avec tant de justesse et d'intelligence... »

L...

Nous pourrions citer des centaines de lettres sur ce même ton.

ÉPILOGUE

Appréciation générale.

I

J'ai raconté la vie de M. l'abbé Garnier. En mettant en relief sa généreuse nature, j'ai essayé de le juger avec un esprit libre de toute prévention, comme de toute complaisance.

Nul mieux que moi ne connaissait l'élévation de son esprit, les délicatesses de son cœur. Nous avons grandi, nous avons vécu, nous avons vieilli ensemble ; notre vie a été mêlée aux mêmes événements ; frères d'armes, nous avons combattu sur le même champ de bataille, il n'y avait de différence que dans la supériorité de sa vaillance.

Nous n'avions pas de secret l'un pour l'autre. Nous nous aimions d'une égale tendresse ; depuis le jour où nous nous sommes rencontrés sur les bancs de l'école, rien n'a pu détendre les liens qui unissaient nos âmes, et jusqu'à son dernier jour, ce sentiment a conservé sa première fraîcheur. Son amitié a rayonné sur ma jeunesse et mon âge mûr ; il m'a plu d'en illuminer ma vieillesse par ces souvenirs, en faisant revivre quelque chose de notre passé, autant qu'un passé peut revivre.

Durant les quelques heures que j'ai pu donner à ce récit, au milieu de mes autres occupations, j'ai vécu de notre vie commune, me rappelant, non sans émotion, les délicieux instants que nous avons passés ensemble. Ce m'a été une douce consolation que de retracer pour moi, pour tous ceux qui l'ont aimé, surtout pour ses paroissiens qui me l'ont demandé, des vertus dont nous n'aurons plus le spectacle ici-bas, puisqu'elles sont allées recevoir leur récompense au ciel, et d'admirer une intelligence qui apparaissait déjà si belle en ce monde, et qui est montée s'embellir encore aux rayons de l'intelligence infinie ! Rien ne charme plus que la mémoire des belles âmes !

On ne récusera pas la déposition d'un témoin qui peut dire : J'y étais ! Et j'ai la confiance qu'une voix amie n'aura pas fait entendre vainement la vérité, et que de ce récit ressortira quelque honneur pour le caractère sacerdotal et pour le clergé de notre contrée.

Qu'on ne me reproche pas d'avoir accordé une trop large place à la louange. Nul parmi les enfants d'Adam n'échappé, dans une mesure plus ou moins grande, à cette poussière humaine, que nous voyons si facilement et si volontiers dans autrui, surtout en ceux qui nous sont supérieurs.

Vif, il le fut. Il s'exprimait vivement comme il sentait. Il était toujours armé pour défendre ses convictions et son drapeau. Mais son ardente fermeté ne laissait point méconnaître sa loyauté et sa droiture (1). Son cœur ignorait la haine. Après la lutte il était calme, comme le champ de bataille après le silence du combat. Ceux qui ont cru le contraire le méconnaissaient entièrement. Prompt à s'émouvoir, bouillant par nature, il était plein de modération et de prudence quand il fallait agir. S'il soupçonnait avoir dépassé les limites de la modération en quoique ce fut, il avait le glorieux courage d'aller bien vite témoigner ses regrets, de même qu'en lui la moindre plainte ou un mot affectueux dissipait toutes les blessures qui avaient pu l'atteindre.

II

Sa chaleur d'âme se manifestait en tout. Grâce à elle, sa conversation pleine de traits

(1) Il avait eu une discussion assez vive sur une question délicate, avec un chef du radicalisme du lieu, à qui il avait donné des raisons péremptoires. Celui-ci lui dit en le quittant : « Monsieur, nos opinions sont bien opposées et je le déclare hautement : je n'aime ni la religion ni les prêtres, ni vous par conséquent ; mais je ne crains pas de vous dire que je vous estime parce que vous êtes un homme sincèrement loyal. » Et il lui tendit la main.

et de mouvement exerçait une grande puissance d'entraînement. Dans la discussion, il était difficile d'avoir raison de lui. Il étudiait beaucoup, réfléchissait beaucoup ; il suivait attentivement toutes les grandes questions qui s'agitaient, il en saisissait toutes les nuances et les jugeait sainement. Il avait toujours des idées très-nettes des choses.

Il sentait en artiste les beautés littéraires, ne sacrifiait jamais la pensée à la forme quoique brillante en sa parole ; il avait le goût exquis du connaisseur.

La conversation avec lui devenait vite ce qu'elle devait être : il ne s'arrêtait point aux petits côtés d'une question, il allait droit au fond et y portait la lumière. Il était en ce genre le plus beau partenaire qu'on pût souhaiter. Il aimait l'échange des idées qui amène le frottement et polit et rectifie l'esprit particulier.

Ce que nul de ceux qui l'ont connu ne voudra nier, c'est qu'il ne visait point à conquérir la renommée, mais seulement à servir Dieu et à lui gagner des âmes.

. Ses amis l'ont pressé de livrer à la publicité des discours aussi remarquables par la richesse du fond que par la perfection de la forme, ou de traiter dans les journaux certaines questions importantes qu'il élucidait avec la supériorité d'un maître. Il s'y refusa constamment : le temps, disait-il, lui faisait défaut.

Il avait le parfait oubli de tout ce qui est ostentation : la tenue de sa maison était modeste et sa mise personnelle, correcte mais sans recherche. Il s'accordait peu à lui-même parce qu'il accordait beaucoup aux autres. Pour toutes les bonnes œuvres, il donnait l'exemple de la générosité ; nous croyons ne pas nous tromper en affirmant que bien avant sa mort il avait fondé plusieurs bourses en faveur des séminaires, et on peut lui appliquer cette parole : « S'il a toujours donné comme un riche, c'est qu'il a toujours vécu comme un pauvre. »

A l'éclat il préférait la simplicité, et ne mettait son orgueil qu'à marcher droit au vrai et au bien.

Son cœur n'a jamais vieilli. La mort lui avait enlevé successivement ses meilleurs amis et des paroissiens bien chers, qui étaient ses *vicaires du dehors,* secondant toutes ses œuvres, et qui formaient autour de lui la famille de son âme, non moins tendre que celle du sang : il les évoquait sans cesse dans ses entretiens et n'en parlait qu'avec larmes. Il ne pouvait se défendre d'aimer ni d'être aimé.

III

Rien de ce qui élève l'homme et perfectionne le chrétien et le prêtre ne lui a manqué. Il a bu, à longs traits, dans la coupe des douleurs humaines.

Il a souffert de la longue agonie de ses parents pour lesquels il avait une tendre affection, et de personnes aimées qui lui avaient montré un dévouement sans limite.

Il a souffert des égarements des âmes, de la persécution dirigée contre la sainte Eglise et son chef auguste.

Il a souffert dans son cœur si français des malheurs de sa patrie.

Il a souffert de ses propres souffrances qui enchaînaient son ardeur pour le ministère des âmes. Et pourtant s'il s'affligeait de ces repos forcés, il ne s'en irritait pas ; il savait que le découragement n'a jamais servi à quoique ce soit. Il disait souvent : « Il faut lutter et se défendre !... » d'autrefois : « Il « faut que le prêtre veille, rame et sue ; « dans son rude labeur pastoral, il lui est à « peine permis de vieillir ! » On eut dit que son caractère inflammable puisait dans ses douleurs une ardeur inattendue.

Il a souffert des attaques qui s'attachèrent pendant un temps à sa personne et à son autorité, parce que le bien qu'il voulait faire pouvait en souffrir.

IV

Quoiqu'il fût désiré et recherché dans la société, il n'y allait qu'avec réserve. Il avait besoin de son temps et se couchait de bonne heure.

Développer ou fonder des œuvres de charité dans sa paroisse, instruire son peuple, répondre aux consciences qui l'interrogaient, combattre le vice dans les cœurs troublés, le découragement dans les âmes défaillantes, en un mot son église, le confessionnal et les pauvres, tel est le champ clos ou se renfermait, avec les joies de l'amitié, sa vie de chaque jour.

Il faut ajouter que nul parmi nous ne se leva plus matin que lui pour défendre et favoriser toutes les grandes œuvres catholiques.

Il ne s'est arrêté que sous la main de la mort, et s'est endormi, riche de ses œuvres, vers le soir de la vie, sur son sillon inachevé. Le successeur pour lequel il a voulu travailler profitera de ses sueurs et complètera son ouvrage. Il soignera le bon grain semé dans le champ de l'Eglise qui lui est confié, et recueillera la récompense à l'heure marquée par Dieu qui l'a préparée.

Sur cette terre livrée aux contradictions humaines, le bien se fait lentement et avec effort, mais rien ne se perd entièrement, ni une bonne pensée, ni une bonne parole, ni une leçon de courage, ni un acte de vertu.

Heureux ceux qui meurent dans le Seigneur! car tous leurs efforts produisent leurs fruits. *Beati qui in domino moriuntur... opera enim illorem sequuntur illos.*

Et maintenant, adieu à cette chère mémoire !

C'est un passager bien aimé qui, en quittant la région des orages, et en abordant une plage paisible et souhaitée, a pu dire plein d'espérance, avec Ozanam : « J'ai servi un maître souverainement économe, qui ne laisse rien perdre, pas plus une goutte de nos sueurs qu'une goutte de rosée. »

En attendant que nous entrions comme lui dans *la joie du Seigneur*, nous allons reprendre, sous son égide et ses exemples, la mer agitée et continuer notre course à travers les fatigues et les combats, en servant dans cette invincible milice de l'Eglise, où les victoires ne terminent jamais entièrement la guerre acharnée du mal.

Le ciel, de plus en plus sombre, semble chargé de plus de tempêtes qu'au moment où notre ami quittait le champ de bataille. En dépit de nos larmes et de nos regrets, bénissons Dieu de lui avoir épargné des douleurs nouvelles, dans l'ébranlement momentané de tout ce qu'il a le plus aimé et vénéré ici-bas, l'Eglise, la France et la liberté.

FIN

PIÈCE JUSTIFICATIVE

(*Voir page 317*)

M. L'ABBÉ POINSEL, DOYEN DU CHAPITRE

Pour ne pas laisser disparaître dans le silence de l'oubli, trop habituel à la légèreté de notre époque, un grand nom dans l'Eglise de Dijon, je reproduis ici une note nécrologique, qui fut au moment de sa mort, publiée dans un journal de la localité, sur M. Poinsel, l'honorable ami de M. Garnier :

L'Eglise de Dijon est dans un grand deuil : M. l'abbé Antoine-Victor Poinsel, ancien supérieur du grand Séminaire, ancien vicaire général, doyen du chapitre de la cathédrale, membre de l'officialité diocésaine, est mort dans la paix du Seigneur, dimanche 18 septembre, à 2 heures du matin.

Il était, sans contredit, l'esprit le plus éminent entre tous les prêtres distingués que le diocèse de Dijon a donnés à l'Eglise.

M. Poinsel était né au fort de la tourmente révolutionnaire, le 27 mars 1794, à Poinson-lez-Fays, dans la Haute-Marne.

Il appartenait à une de ces vieilles familles profondément imprégnées de la foi catholique. Son aïeule était la sœur du Seigneur de Poinson. Un de ses grands oncles appartenait à la Société de Jésus ; une grand'tante était assistante géné-rale de l'illustre congrégation des sœurs de Saint-Vincent de Paul, et une tante était supérieure de l'hospice de Langres.

Sa mère, veuve de bonne heure, lui inocula, avec la vertu, une virile éducation. Elle lui fit faire ses premières études au collège de Langres, où, dit-il lui-même, on ne lui apprit point à aimer le Christ, mais où on l'entretint de *faux grands hommes et de fausses grandes choses.* Sa précoce intelligence avait en dédain ce genre d'enseignement, qui fut toutefois impuissant à entamer sa foi.

On était en 1814. Le principal du collége, frappé de l'éléva-tion de son caractère et de son rare talent, le chargea de professer la rhétorique, et l'année suivante, la philosophie, à la place des professeurs enrégimentés dans la *grande armée*.

Le jeune professeur traça à son enseignement un remar-quable programme et remit en honneur la philosophie catho-lique.

L'insuccès de la campagne de Russie amena dans notre pays l'invasion de nos ennmis victorieux. Le prince Constan-tin, frère de l'empereur de Russie, entendit parler à Langres des brillants débuts de M. Poinsel, et voulut lui confier l'ins-truction de ses fils, lui donnant, avec de riches promesses, l'assurance d'une entière liberté religieuse. Le jeune catho-lique, dédaignant la fortune qui s'offrait à lui, refusa cette offre brillante.

Bientôt il entrait au Grand-Séminaire, la joie dans l'âme, heureux de se donner à Dieu et de se préparer à lui gagner des âmes.

La veille de sa promotion au sous-diaconat, écrivait-il lui-même, il descendit à la chapelle du Grand-Séminaire, et là, prosterné devant l'autel, il s'engagea, par vœu, à connaître et à faire connaître Jésus-Christ sous les rapports essentiels de l'histoire,.du dogme, de la morale, de la liturgie.

A vingt-trois ans, ayant à peine achevé ses études, il fut chargé de professer le dogme au séminaire de Langres. Bientôt il fut appelé à la chaire de morale à Dijon ; Langres venait d'être attaché à ce nouveau diocèse. Mgr Dubois l'envoya vicaire à Langres : mais presque aussitôt son successeur, Mgr de Boisville, le nomma supérieur du Grand-Séminaire de Dijon, avec pleins pouvoirs. M. Poinsel avait alors vingt-sept ans : il déclina d'abord cette charge, puis fit acte d'obéissance aux instances épiscopales.

Il rédigea un vaste plan d'enseignement pour les diverses branches des études ecclésiastiques ; il présenta aux professeurs une brillante et large exposition, qu'il leur laissa le soin de compléter dans leurs leçons aux élèves. Il releva le Séminaire en décadence.

C'est par ses soins que les retraites ecclésiastiques furent rétablies dans le diocèse.

Mgr de Boisville donnait à son intelligent collaborateur tout l'appui de son autorité épiscopale. Il le chargea de la direction de toutes les communautés religieuses du diocèse, sorties incomplètes des ruines de la Révolution. La Visitation de Dijon fut mise à flots, les Ursulines fondées à Montigny, les religieuses hospitalières de Châtillon réorganisées, la maison du *Bon-Pasteur* rétablie de concert avec la Révérende Mère Malteste.

Le zélé et habile supérieur était sur le point de réunir toutes les hospitalières du diocèse sous l'habit et la règle des hospitalières de Dijon, fondées par M. Joly, de pieuse et sainte mémoire, quand la mort enleva Mgr de Boisville.

Son successeur, Mgr Raillon, dès son arrivée, déclara au supérieur du Grand-Séminaire qu'il allait faire rentrer les élèves écartés par lui, parce que, dit-il, il l'avait promis à des députés et qu'il devait tenir sa promesse.

M. Poinsel fit agréer sa démission.

Ses hautes facultés et son affectueuse bienveillance lui avaient vite conquis une entière influence sur les jeunes lévites qu'il électrisait de sa parole incisive et saisissante. Ses élèves d'alors, devenus eux-mêmes des vieillards, racontent, avec une admiration qui dure encore, le charme qu'ils éprouvaient à ses brillantes conférences, et se vantent avec une légitime fierté d'avoir reçu les leçons d'un tel maître.

En même temps qu'il était supérieur du Grand-Séminaire, il exerçait les fonctions de grand-vicaire.

Mgr de Tournefort, ancien vicaire-général de Dijon, devenu évêque de Limoges, connaissait la valeur de M. l'abbé Poinsel. Il l'attira près de lui, le nomma chanoine de sa cathédrale et lui confia un grand-vicariat dans son diocèse.

Malgré son absence, Mgr Raillon maintint le nom de M. Poinsel parmi ceux de ses vicaires généraux.

En 1834, le gouvernement de Juillet, las des agitations du commencement de son règne, s'appliqua à apaiser les esprits et essaya de se concilier le clergé qu'on avait inutilement voulu effrayer. Il se mit à décorer les évèques ; il offrit également la croix de la Légion d'honneur à quelques prêtres distingués, d'un talent reconnu et qu'on marquait ainsi pour l'épiscopat. M. Poinsel fut parmi les élus. Mais il ne crut pas devoir accepter cette faveur et renvoya la décoration qui lui était destinée.

Quand Mgr Rivet fut appelé à réorganiser le diocèse de Dijon, troublé par bien des orages, il fit appel au dévouement de M. l'abbé Poinsel, qu'il replaça à la tête du Grand-Séminaire, et bientôt après le nomma chanoine titulaire de son église cathédrale.

L'Eminent supérieur était bien à sa place au Grand-Séminaire : il se complaisait au milieu de la jeunesse ecclésiastique qu'il aimait et dont il était aimé. Il revenait avec une science ecclésiastique agrandie, et une expérience complète des hommes et des choses. Il reprit ses conférences et comme autrefois il provoqua l'enthousiasme, élevant les esprits, échauffant les cœurs, passionnant pour le bien.

Ses enseignements s'élevaient au-dessus de la route battue. Qui d'entre ses élèves n'a gardé souvenir de ces splendides conférences commencées en 1840, où, dans un magnifique ta-

bleau, il montrait Dieu, l'Église, l'homme, le monde aux splendides clartés des écritures sacrées (1).

Il travaillait à modifier la marche alors suivie dans les
études théologiques, et à établir l'ordre naturel et logique
des divers traités, en commençant par l'étude de la *Religion*,
de l'*Eglise*, de la *Conscience*, des *Lois*, etc.

Pour assurer son œuvre il rêvait de fonder, sur le modèle
modifié de Saint-Sulpice, une société libre de professeurs
puisés dans le clergé diocésain. Il s en ouvrit à quelques
jeunes prêtres qu'il jugeait capables de le seconder. Mais les
temps n'étaient pas mûrs pour cette transformation ; ses projets ne furent point agréés, et comme il n'avait pas le don de
temporiser devant les résistances, il donna sa démission qui
fut acceptée.

Il quitta ses chers élèves, laissant et emportant des regrets
qui durèrent longtemps.

Mgr de Tournefort avait conservé à M. Poinsel son affection et sa haute estime. Il pensa à se l'adjoindre à titre de
coadjuteur, avec future succession. Il vainquit les répugnances du pouvoir civil, mais il échoua devant les résistances invincibles de M. Poinsel.

Elève brillant au Grand-Séminaire, M. Poinsel avait eu le
bonheur d'avoir pour maître M. l'abbé Lacoste, dont nous
avons admiré le talent dans notre jeunesse et qui a tenu une
grande place dans le clergé dijonnais. « Parmi mes élèves,
disait l'illustre professeur, j'en vois deux qui pourront un jour
honorer le corps épiscopal », et il nommait en première
ligne M. Poinsel.

Malheureusement cette belle intelligence et ce cœur si délicat ne savaient point se proportionner à l'infirmité humaine.
Il se heurtait à l'obstacle, et abandonnait trop vite le champ

(1) M. Carnandet, disciple apprécié de M. Poinsel, rédacteur de
plusieurs journaux, possède les conférences écrites par l'habile
professeur. Ce travail fort remarquable serait certainement bien
goûté s'il était livré au public.

de bataille où il était de taille à combattre si vaillamment et si utilement.

En 1850, il fut le délégué du chapitre au Concile de Lyon, dont il fut nommé le *témoin* pour notre diocèse. Plusieurs fois il demanda de nouvelles réunions ecclésiastiques de la province, selon le saint Concile de Trente. Il jugeait ces conciles provinciaux particulièrement utiles dans nos temps difficiles.

C'est après la tenue du Concile de Lyon que Mgr Rivet le nomma au décanat du chapitre. Le nouveau doyen prit sa dignité au sérieux : il provoqua des réunions périodiques dans un but d'étude et de piété et présenta aux chanoines un programme de travaux sur la dogmatique, le droit canon et la discipline de l'Eglise.

Il a été mêlé aux luttes pour la défense de l'Eglise. Comme Pie IX et comme Léon XIII, il estimait que la presse catholique a une mission à remplir dans nos jours troublés. Il l'a encouragée de ses conseils et de sa plume. Ses articles étaient toujours marqués d'une grande élévation de pensée et d'un cachet *sui generis* qui le faisait reconnaître.

C'est par lui que la liturgie romaine a été connue et propagée dans le diocèse.

Malgré sa foi dans les immortelles destinées de l'Eglise, il prenait une vive part aux épreuves du Souverain-Pontife et aux persécutions dirigées contre la religion ; il en parlait sans cesse avec une visible préoccupation.

Il faut avoir été admis à l'honneur de son intimité pour apprécier les trésors de délicatesse de cette riche nature et des tendresses de cette âme à la fois si douce et si ferme dans l'amitié. Nul plus que lui ne fut sensible à un bon procédé.

En lui, rien de vulgaire : tout dans le langage et les actes avait un parfum de distinction, qui mettait d'autant plus de charmes dans ses relations qu'il se fait plus rare de nos jours. Qui n'a été frappé du bon ton de ses manières, de la finesse de son sourire, du trait de sa diction, de l'élévation de son esprit, de la générosité de son cœur, de l'excellence de sa vertu !

La fortune s'était présentée à lui assez prodigue pour le mettre dans une riche aisance. Il en usa largement pour les autres et pour les bonnes œuvres, si largement qu'il est mort, laissant à peine de quoi suffire aux charges de sa dernière heure.

Sa sortie du Grand-Séminaire avait brisé l'équilibre de sa vie. Il ne se trouva plus dans son élément. Tourmenté d'un immense besoin de solitude et de silence, il avait inutilement demandé d'être envoyé dans une modeste cure de campagne pour s'y livrer saintement au ministère des âmes. Monseigneur ne pouvait priver son chapitre d'un membre qui en était l'honneur.

Retiré du monde, qui semblait lui être de plus en plus à charge, il se livra aux jouissances intellectuelles, vivant beaucoup avec Dieu, dans la méditation des années éternelles, auxquelles il se préparait pieusement.

Depuis deux années, sa santé déclinait sensiblement. La vieillesse était venue avec son cortége de souffrances, respectant toutefois son intelligence et son cœur, demeurés jusqu'au dernier jour, à l'abri de toute défaillance.

Il pressentait sa fin prochaine; il en entretenait souvent, dans ces derniers temps, avec une entière liberté d'esprit, un prêtre, ami dévoué, à qui il ouvrait volontiers son cœur.

A peine huit jours avant sa mort, il lui exprimait sa volonté absolue de n'être point inhumé dans le cimetière non bénit de Dijon :

« Promettez-moi, lui disait-il, de m'acheter une place dans le lieu sanctifié par les prières de l'Eglise, à côté de votre tombe de famille, où nous dormirons, côte à côte, notre dernier sommeil, en attendant la résurrection. J'ai horreur de penser qu'ici, mon corps pourrait être placé entre un mécréant et un suicidé. »

Par une fatale coïncidence, le confident de cette volonté suprême était loin de Dijon, quand une mort soudaine enleva cet homme vénéré, à la suite d'un refroidissement accidentel.

Ce n'est qu'en revenant de la cérémonie funèbre, qu'on trouva, mêlé à ses dispositions testamentaires, les lignes suivantes écrites et signées de sa main : « Désirant avoir la con- « cession d'une tombe au cimetière de Chenôve, M. l'abbé « Batault, mon ami, est prié de prendre des mesures, afin « que tout soit préparé pour mes funérailles..... Place ache- « tée, mais point d'autre monument, qu'une croix avec ces « mots : *Spes unica*, et seulement mes nom et prénoms. Telle « est une de mes dernières volontés. »

POINSEL, chanoine.

18 septembre 1875.

En laissant tomber de mon cœur avec mes larmes, ces trop courtes paroles sur la tombe de ce prêtre éminent, que j'ai tant aimé, et qui m'a honoré, pendant près d'un demi-siècle, d'une affection tendre et sans nuage, je ne satisferai point l'attente de ceux qui l'ont connu et admiré.

Qu'ils patientent !

Bientôt une plume autorisée leur donnera l'histoire plus détaillée et plus calme que je ne saurais la faire, de ce prêtre si haut placé dans l'estime de tous, l'ornement et la gloire du Chapitre et du diocèse de Dijon.

L'Abbé BATAULT.

TABLE

47

DIJON. — IMPRIMERIE J. MARCHAND, RUE BASSANO, 12.